AF617202

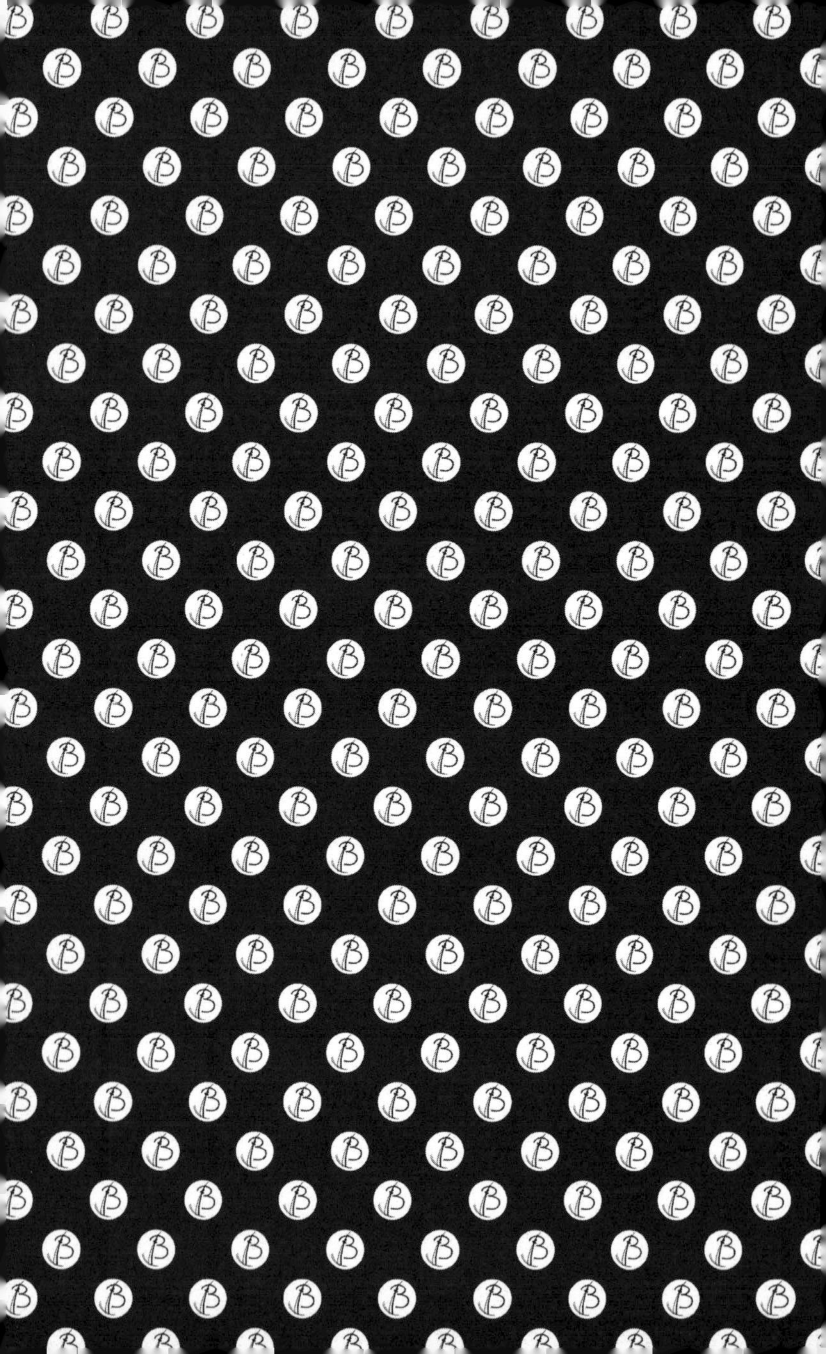

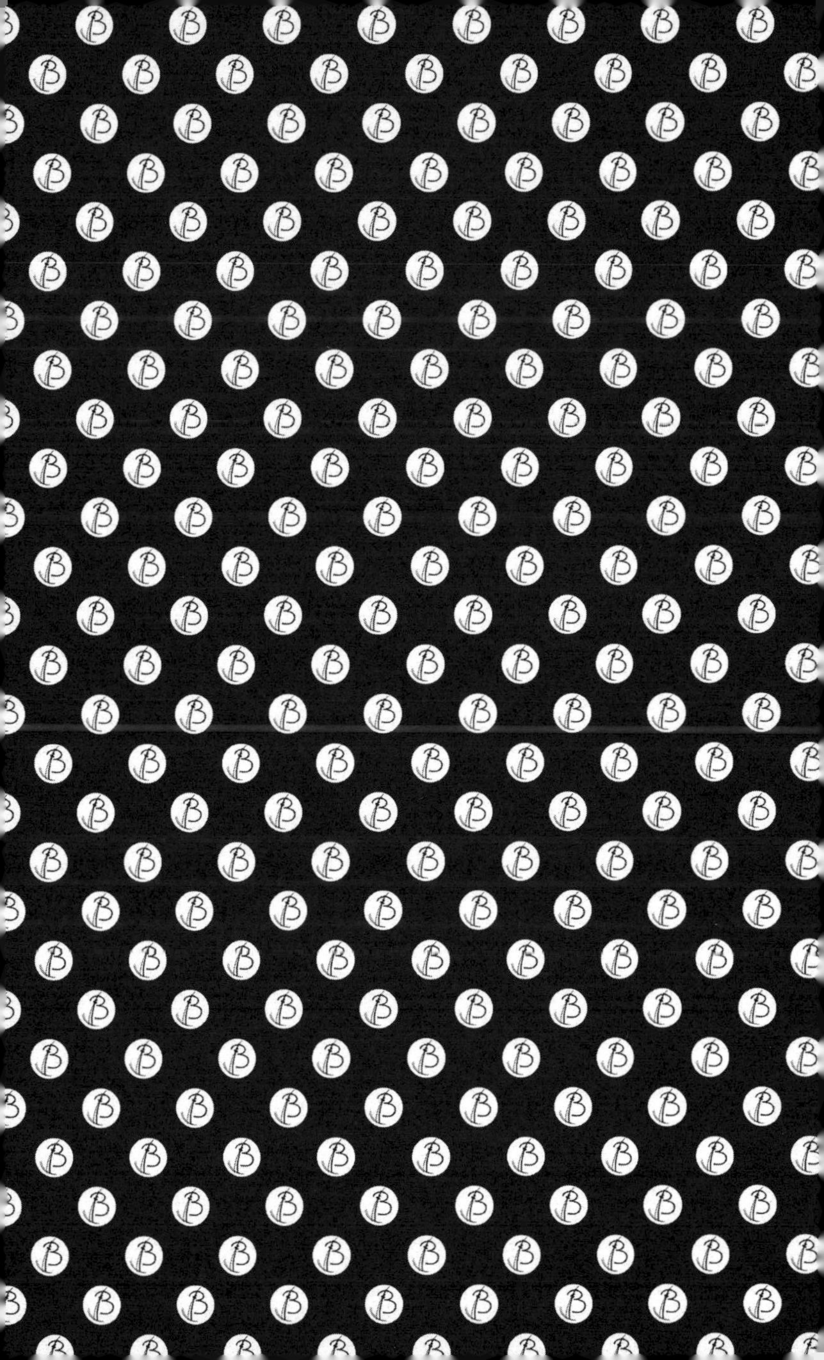

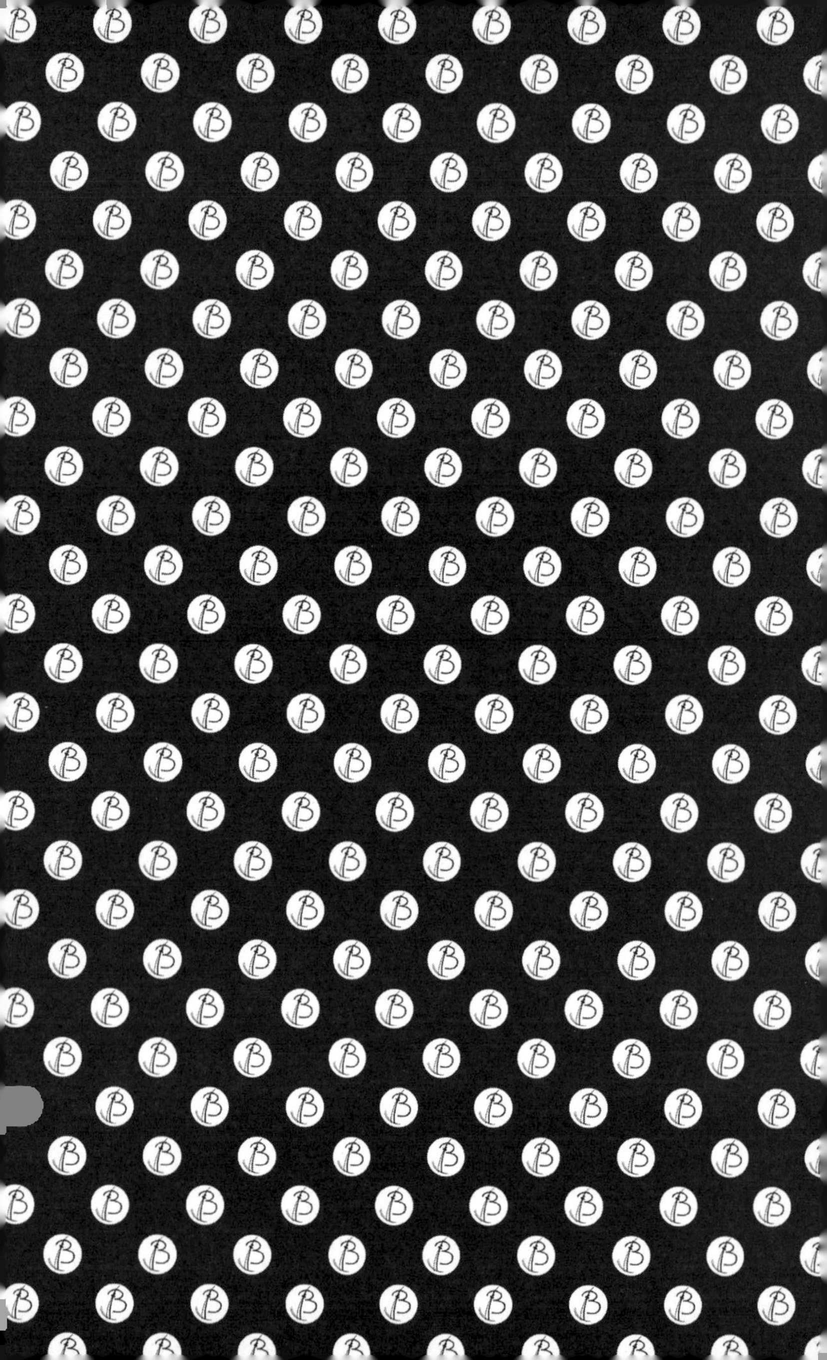

Francesc Miró

El arte de fabricar sueños

Un relato cultural sobre las trampas de la meritocracia

Barlin Libros
Pensamiento al margen

Primera edición: marzo 2025

Dirección editorial:
Alberto Haller

Publicado por
Barlin Libros
C/ Doctor Zamenhof, 27
46008, Valencia

Thema: JBCT / DNL
ISBN: 978-84-128892-9-1
Depósito legal: V-233-2025

Impreso en España

editorial@barlinlibros.org
www.barlinlibros.org

Tabla

Introducción

«Nada resuelve el dilema de los pobres que sienten que deben elegir entre sucumbir soñando con crear o hacer la revolución»

El entusiasmo

Remedios Zafra

«Ganarse la vida es una expresión afortunadísima que por desgracia suele contener un valor meramente pecuniario, material. Ganarse la vida tendría que ser la aspiración mayor de una persona, pero ganársela en el sentido de honrarla, de estar a la altura del regalo»

Ganarse la vida

David Trueba

Presiona F5. Tras una reunión extenuante con un grupo de abogados, la noche cae al otro lado de las ventanas de una sala de juntas, mientras un chaval mira absorto la pantalla de su portátil. Entonces vuelve a presionar F5. Es el multimillonario más joven del mundo, y acaba de enviarle una solicitud de amistad a una chica. Alguien a quien conoció en la facultad. Estuvieron saliendo un tiempo, pero ella le dejó. Se alejó de él por su obsesión egocéntrica por destacar, el estatus, la aprobación masculina y por ingresar en los Final Clubs de la Universidad de Harvard —sociedades de estudiantes obscenamente elitistas—. Presiona F5. Ahora todo es distinto: ha creado Facebook, la red social más utilizada en todo el mundo con la friolera de 3 065 millones de usuarios activos. Solo que en este momento de la historia tiene 500 millones en 207 países y un valor aproximado de 25 000 millones de dólares. El chaval que mira absorto la pantalla y presiona F5 repetidamente ha cumplido su sueño, se *ha hecho a sí mismo* y ha triunfado. Aunque por el camino se ha enemistado con todos aquellos que le hicieron compañía en la universidad. Aquellos que decían ser sus amigos. Qué más dará. En realidad nada de todo eso importa. Él solo quiere que la chica que le dejó cuando no era nadie vuelva.

El magistral final de *La red social* (2010) de David Fincher nos habla de muchos de los discursos que hoy laten en nuestros entornos: masculinidad frágil, miedo al rechazo, meritocracia y triunfo en la era del capitalismo tardío. También del precio del éxito y de la búsqueda infinita de un objeto de deseo, algo que podría sintonizar con aquel Jay Gatsby para el que todo el dinero del mundo no significaba nada si no podía estar con Daisy Buchanan. Y, sobre todo, tal y como venía pregonando su campaña promocional de pósteres con el eslogan «No haces 500 millones de amigos sin ganarte algunos enemigos», ese final nos habla de cómo el éxito profesional más ansiado de una generación —relato inspirador para los emprendedores del mundo— es también un estrepitoso fracaso personal. La creación de «la red social» llamada Facebook se cargó la red afectiva de un Mark Zuckerberg obsesionado con cumplir su sueño.

Otra escena muy distinta. Un joven toca el claxon de su descapotable en un barrio residencial a la hora de la cena, armando un escándalo al que los vecinos no están acostumbrados. Acaba de conducir 457 kilómetros desde Los Ángeles hasta Boulder City, en el estado de Nevada, para decirle algo a la mujer con la que hace nada terminó una relación. No pretende recuperarla ni pronunciar un discurso romántico/tóxico de aquellos a los que Hollywood nos tiene acostumbrados. Ni siquiera quiere pedirle disculpas o redimirse de forma egoísta. Resulta que una importante agencia de talentos llamó al piso que compartían preguntando por ella. Podría ser el *casting* de su vida, pero ella ha dejado Hollywood y ha vuelto a vivir con sus padres, precisamente, porque está harta de pelear por su sueño de ser actriz. Harta de aceptar con una sonrisa que le digan que ese papel no es para ella, harta de dejarse la piel y el dinero en proyectos creativos personales, en una obra de teatro que ha escrito y producido para que no la vea nadie. Ella se ha rendido, pero él no se ha rendido con ella. Tras provocar un alboroto en el barrio, ella acude a la llamada del molesto claxon y él la convence para presentarse a este *casting*, el último. No tiene nada que perder.

A la mañana siguiente, de vuelta en Los Ángeles, ella hace una prueba espectacular que, efectivamente, va a cambiarle la vida. A los pies del Observatorio Griffith que una vez fue el escenario de sus citas, ella le pregunta qué va a ser de los dos. De lo suyo. Del amor. Él le dice que no lo sabe, que el tiempo lo dirá, pero que ahora no es momento de pararse a pensar en eso porque está a punto de conseguir el papel de su vida. «No creo que podamos hacer nada, porque cuando consigas esto... tendrás que darlo todo de tu parte. Todo. Es tu sueño», le dice él.

Lo que le estaba diciendo es que tendrían que sacrificar lo que tienen, su relación, para tener éxito. El tercer acto de *La La Land* (2016) es una declaración emocionante y bella sobre el sueño americano. El estreno de la segunda película de Damien Chazelle propició muchas de las conversaciones cinéfilas del momento, aunque solo fuera por el error que cometieron Warren Beatty y Faye Dunaway en la entrega de los Oscar. Seis años después de *La red social*, Mia y Sebastian —los dos jóvenes de los que hablaba— encarnaron como nadie el peaje que exige triunfar en los términos en los que se expresa en la sociedad actual y la ficción que ella nos ofrece. Situaba al espectador en el cruce de caminos entre la vida profesional y personal, como si ambas tuviesen que transitar necesariamente direcciones distintas. El cine como cartel luminoso, como señal de tráfico que avisa de que no puedes tener lo uno y lo otro. Si cumples tu sueño, prepárate para quedarte solo. El triunfo como ese lugar al que se llega sorteando los cadáveres de los amigos y amantes que hicimos en el camino. Los sueños y los afectos, según la ficción, se desarrollan aparentemente en dimensiones separadas.

Una última escena: nuestro protagonista ahora es un joven y reputado chef de Nueva York. Esta noche asiste a una cena de gala ofrecida por un restaurante en el que trabajó, y que echa el cierre porque su cocinera jefa se retira. Aunque ya no fuma, el chaval conserva el hábito de salir del tumulto a la fría calle para respirar aire fresco, y en esas está cuando aparece la persona cuyo restaurante baja la persiana, una mujer de mediana edad. Entonces el joven aprovecha para agradecerle a quien fue su maestra en la cocina todo lo que aprendió de ella entre fogones. Ella le confiesa que también ha aprendido cosas después de muchos años dedicados a la carrera por convertirse en una de las mejores chefs del mundo. «Aprendí que quicro dormir más, quiero ir más a Londres y quiero ir a fiestas y conocer gente». «Vivir», contesta el joven. «Eso es». Vivir, esa es la razón por la que toda una eminencia de la cocina deja su sueño: porque cuando se dedicó a perseguirlo dejó de vivir.

La escena pertenece a la serie *The Bear* (2022), una de las ficciones audiovisuales que más y mejor ha reflexionado sobre la pasión y el trabajo, el esfuerzo de construir en colectivo un proyecto de empresa que es, también, un sueño: convertir el local que da nombre a la serie en uno de los mejores restaurantes de Chicago. Algo complicado en el competitivo y feroz mundo de la alta cocina. La serie nos enseña cómo todo esto afecta a los personajes, les enfrenta a sus vidas, sus afectos, sus anhelos y pasiones.

La ficción es siempre un síntoma, no un diagnóstico. Por eso he querido empezar este libro con tres ficciones que describen y comparten síntomas, cuya acumulación y parecidos nos pueden conducir hasta un diagnóstico sobre una realidad enferma. Una realidad que enfrenta vida y trabajo, que hace imposible la conciliación de los afectos con el desarrollo profesional y que a su vez impone el relato de la realización a través de la persecución, consecución y ostentación de los sueños, aspiraciones y objetivos en el ámbito laboral. Lo hace porque puede hacerlo, pero también porque durante décadas la idea de realización, progreso y ascenso social a través del trabajo ha calado hasta producir un suelo fértil donde hoy crecen contadas alegrías y una inmensidad de frustraciones, precariedades, autoexplotación y alienación emocional.

En muchas webs, redes sociales y libros de desarrollo personal es fácil encontrar una sentencia atribuida a Confucio —sabido es que cuanto más antiguas sean las fuentes mayor pátina de respetabilidad y menor el deber de atribuir con acierto— que pasa por ser una de las más grandes falacias que sustentan este enfrentamiento entre vida y trabajo. Se trata del enunciado que reza que «si consigues dedicarte a un trabajo que te guste, no tendrás que trabajar ni un día de tu vida». La realidad es que, si consigues dedicarte a lo que te gusta, lo más probable es que acabes auto explotándote el resto de tu vida. Y, más a menudo de lo que crees, antepondrás aquello «que te gusta» al ocio, el afecto y el tiempo compartido con quienes te rodean. Hasta el punto de que aquello «que te gusta» se convertirá en aquello que te produzca las mayores dosis de infelicidad.

Pero, entonces, ¿quién nos convenció para dedicarnos a lo que nos gusta? ¿Alguien nos dijo que debíamos perseguir un sueño determinado sin medir nuestros esfuerzos? En este pequeño ensayo sostengo que la ficción, especialmente la cultura audiovisual de finales del siglo XX y principios del XXI, tiene un papel importante en la confección de un relato cultural que nos habla de las bondades del éxito y el esfuerzo. Que, en definitiva, nos habla de meritocracia.

Se puede tejer un hilo conductor que nos lleva del pensamiento providencial a la ética del trabajo moderno; del mito del *self-made man* —el género no es baladí—, un tipo que empezó en un garaje y llegó a cumplir su sueño, a la confianza desmesurada en las virtudes del esfuerzo. Un hilo que, sostengo, conduce a la interiorización de un espejismo que produce grandes dosis de precariedad emocional, destrucción de afectos y autoexplotación. La ensayista e investigadora del Instituto de Filosofía del Consejo Superior de Investigaciones Científicas, Remedios Zafra, decía: «Es difícil dejar de soñar. Y me pregunto si sabremos entonces diferenciar las oportunidades de vida que esto conlleva de los sucedáneos a bajo precio. Sucedáneos que quizá se proporcionarán para calmar los deseos de pobres y entusiastas privados de mundos materiales y experiencia en ellos».[1*] En las páginas que siguen desenredaré la madeja que produce este hilo que, hoy en día, enfrenta más que nunca nuestros trabajos y nuestras vidas... y del que nadie es del todo ajeno.

---

* Las notas númericas se encuentran en la Bibliografía (p. 149).

Para muestra, un tuit.[2] El 24 de abril de 2024, el por entonces Presidente del Gobierno de España y Secretario General del Partido Socialista Obrero Español, Pedro Sánchez, publicó un tuit que decía simplemente: «Carta a la ciudadanía». Adjuntaba, eso sí, cuatro imágenes en las que se podía leer un texto que hacía explícito que estaba calibrando si seguir o no al frente del Ejecutivo. «Llegados a este punto, la pregunta que legítimamente me hago es: ¿merece la pena todo esto? Sinceramente, no lo sé», decía Sánchez en su carta. Su conato de dimisión era una forma de reaccionar a la campaña de «acoso y derribo» que decía estar sufriendo junto a su familia por las informaciones vinculadas a su esposa, Begoña Gómez. «Este ataque no tiene precedentes, es tan grave y burdo que necesito parar y reflexionar con mi esposa. Muchas veces se nos olvida que tras los políticos hay personas. Y yo, no me causa rubor decirlo, soy un hombre profundamente enamorado de mi mujer que vive con impotencia el fango que sobre ella esparcen día sí y día también», insistía el político. En el fondo, lo que estaba haciendo, lo que le estaba diciendo a 47 millones de españoles era que su trabajo —presidente del Gobierno— había puesto contra la espada y la pared su vida —su familia, su matrimonio—. Considerando que, en una carrera política, llegar a ocupar su cargo y dirigir la acción de un gobierno sería sinónimo de alcanzar el éxito, este político había empezado a preguntarse si llegar a la cima no estaba directamente relacionado con sacrificar su matrimonio. No fue el único, ni será el último en hacerlo.

Un año antes, el jueves 19 de enero de 2023, la primera ministra de Nueva Zelanda, la laborista Jacinda Ardern, anunció que dejaba su cargo por razones personales. Dimitía porque no le quedaba energía para seguir ejerciendo y se reivindicaba como una persona de carne y hueso a la que el cargo estaba pasando factura en lo personal. «No lo dejo porque sea duro, lo dejo porque este trabajo conlleva una gran responsabilidad, y no tengo suficiente energía para hacerle justicia», explicaba Ardern. Era una política que había hecho historia en su país al conseguir revalidar su mandato con una aplastante mayoría a pesar de la pandemia, además de haber situado al Partido Laborista en el Ejecutivo gobernando en solitario, algo que ninguna formación política neozelandesa de ningún signo había logrado desde 1996. «Creo que liderar un país es el mayor privilegio que nadie puede tener, pero también uno de los trabajos más exigentes. No puedes ni debes hacerlo a no ser que tengas el depósito lleno y algo más en la reserva para afrontar los retos inesperados», añadía. «Soy humana, los políticos somos personas. [...] Se puede ser amable y fuerte, y también ser el tipo de líder que sabe cuándo es el momento de marcharse». No hubo ningún caso de corrupción, ni mucho menos un rechazo social a sus medidas ni su programa político, tampoco una campaña mediática en su contra. Estaba, de hecho, en la cúspide de su popularidad. Lo que sí hubo fue una mujer cansada que optó por cuidarse a sí misma, por defender lo personal sobre lo profesional.

Es evidente que entre los casos de Sánchez y Ardern media un mundo, pero también lo es que existe un dilema compartido. Tal vez el del político español no llegase a terminar en dimisión precisamente porque era un hombre: al hilo del caso de la política neozelandesa no han sido pocas las voces que sostienen que el peso del desarrollo de una carrera política es distinto para una mujer. «A estas alturas parecería desde luego más rompedor y necesario que Pedro Sánchez faltara a una importante reunión de trabajo porque una de sus hijas tiene gripe que seguir escrutando por milésima vez lo que hace una mujer y el efecto que eso, al parecer, tendrá sobre todas», apuntaba en una columna la periodista y escritora Ana Requena.[3] «Lo que tiene un efecto del que nadie puede escapar es la normalidad con la que seguimos aceptando esa división artificial entre lo público y lo privado, la indiferencia con la que al parecer hay que vivir lo personal si eres alguien con ciertas responsabilidades, o la exigencia-explotación que damos por hecho tantísimas veces. Esa es la raíz del problema y no lo que cada política haga para afrontar como pueda y quiera su situación personal y profesional» . El asunto al que nos enfrentamos no solo horada la ficción, se adhiere a la vida diaria, a los debates de nuestro tiempo, y afecta incluso a los líderes de las democracias contemporáneas. Triunfar está bien, pero ¿vale la pena sacrificar los afectos? En las páginas que siguen pretendo responder a esa pregunta.

Cumple tu sueño: historia de una trampa

«Las clases gobernantes de todo el mundo han predicado siempre a los llamados "pobres honrados". Laboriosidad, sobriedad, buena voluntad para trabajar largas horas a cambio de lejanas ventajas, inclusive sumisión a la autoridad, todo reaparece; por añadidura, la autoridad todavía representa la voluntad del Soberano del Universo»

Elogio de la ociosidad
Bertrand Russell

«And *even when the answer's "no"*
Or when my money's running low
The dusty mic and neon glow
Are all I need»

Another Day of Sun
BSO de *La La Land*

¿Qué tiene de malo el amor?, se preguntaba un jovencísimo Christian Slater en la piel de Adso en *El nombre de la rosa* (1986). Las dudas le asaltaban debido a que la noche anterior se había quitado el hábito de monje muy a la ligera para perder la virginidad con una campesina. Socarrón, William de Baskerville —al que daba vida un memorable Sean Connery— le contestaba que el amor, según lo estaba entendiendo su joven novicio, «supone algunos problemas» para un monje. Adso se defendía: «¿No alaba Santo Tomás de Aquino el amor sobre el resto de virtudes?». «¡El amor a Dios, Adso, el amor a Dios!», le contestaba desesperado Baskerville. El joven novicio, embriagado por los efluvios de una noche de pasión, creía que aquello que sentía por la campesina le acercaba a Dios tanto como cualquier otro tipo de devoción y pasión. Una confusión que más que aproximarlo al todopoderoso lo hacía al maligno a través del pecado de la lujuria. «Qué pacífica sería la vida sin amor, Adso», recitaría más tarde un pensativo Baskerville. «Qué segura. Qué tranquila. Y qué aburrida».

A lo largo de la historia del ser humano, la idea de que mediante acciones mundanas uno se podía congraciar con seres superiores para tenerlos contentos y que obrasen en su favor ha ido cambiando. En muchas culturas aún existen multitud de ritos asociados a fenómenos de la naturaleza, la meteorología y las cosechas, cuyo principio es que todo ocurre por una razón, y cuyas consecuencias se pueden taimar, conducir o revertir con una acción humana. Si no llueve, algo habremos hecho. Si una plaga arrasa la cosecha, algo habremos hecho. Si una rata enferma a la tripulación del barco pesquero, algo habremos hecho. ¿La solución? Dependiendo del momento histórico, la tradición y el lugar podía pasar por sacrificar a un macho cabrío, quemar viva a una mujer acusada de brujería o echar por la borda a un grumete pelirrojo. En todos los casos subyace la idea de que los sucesos negativos, sean cuales sean, son castigos divinos por pecados cometidos por el ser humano, y en todos los casos este puede evitar que se repitan mediante acciones concretas. La idea es que la agencia humana es capaz de construir y destruir su propia suerte —incluso si creemos que está supervisada por entes superiores—.

El catedrático de Ciencias Políticas en la Universidad de Harvard Michael J. Sandel explica que «es en esa perspectiva donde radica el origen del pensamiento meritocrático» porque evidencia la creencia de que «el universo moral está organizado de tal modo que hace que la prosperidad esté alineada con el mérito y el sufrimiento, con los actos inmorales». De ahí que el también Premio Princesa de Asturias de Ciencias Sociales en 2018 advierta de que «es algo que no está muy lejos de esta concepción contemporánea nuestra, con la que tan familiarizados estamos, según la cual la riqueza es sinónimo de talento y esfuerzo y la pobreza, de indolencia».[4]

La confusión que sentía Adso es hasta cierto punto comprensible porque nunca ha estado muy claro cómo se gana uno el favor de Dios. En el siglo v, la teoría de un monje britano llamado Pelagio encendió las alarmas de muchos teólogos: defendía que el ser humano tenía la potestad del libre albedrío. Esto desplazaba la responsabilidad de hacer el bien y el mal enteramente hacia mujeres y hombres, pues sostenía que además de haber dictado la ley, Dios también otorgó a sus creaciones la libertad de decidir si obedecerla o no. Según Pelagio, quienes hiciesen el mal recibirían un castigo de Dios en esta vida o en la otra. Pero, claro, eso significaba negar la omnipotencia de un Dios todopoderoso, algo que contrarió sobremanera al filósofo argelino Agustín de Hipona. Este teólogo cristiano convertido en santo sostenía que la salvación se daba por la sola gracia de Dios, y que cualquier otro atajo para conseguirla negaba el sacrificio de Cristo en la Cruz. Tal era su poder que su palabra bastó para condenar a Pelagio en el Concilio de Cartago y el de Orange acusado de heresiarca —apelativo fatal que si bien te expulsaba de la Iglesia como autor de una herejía, también reconocía la originalidad, el *copyright*, de haber sido el primero en cometerla—. Pero sucedió que, con el tiempo, la Iglesia se dio cuenta de que si les decía a sus fieles que no importaba lo que hicieran porque Dios tenía un plan para ellos, rituales como la práctica de los sacramentos, la asistencia a las misas o la oración del penitente perdían un poco el sentido: eso sí debía servir para ganarse el favor de Dios, para hacer méritos ante los ojos que todo lo ven. Un buen puñado de siglos después serían nombres como Martín Lutero o Juan Calvino quienes tomarían el testigo de san Agustín al defender que la salvación del alma era un asunto exclusivo de Dios, que no valía rezar mucho ni pagar muchos diezmos a la Iglesia. Lo que sí nos podía dar puntos era desempeñar con ahínco el papel, el rol social que Dios nos había asignado a cada uno de nosotros. Ser buenos en lo nuestro. Exprimir el don. *Darsi anima e corpo a qualcosa*. Es decir, ejercer una profesión.

En *La ética protestante y el espíritu del capitalismo*, el sociólogo alemán Max Weber afirmaba que para Lutero una profesión «es aquello que el hombre ha de aceptar porque la providencia se lo envía, algo ante lo que tiene que "allanarse"; y esta idea determina la consideración profesional como misión, como la misión impuesta por Dios al hombre».[5] Y aquí nos encontramos con el origen del asunto de este pequeño ensayo:

en el siglo XVI el máximo impulsor de la Reforma protestante vinculó la idea de «dedicarse a un oficio» con la de «glorificar a Dios», el trabajo como algo sagrado en cuyo desempeño uno se desvivía a mayor gloria del hacedor. Poco después el calvinismo hilaría más fino aún, acercando esta idea a la meritocracia actual: según Calvino, la vocación profesional es un don otorgado por Dios, y en la realización y desarrollo de ese don hallamos una señal de salvación —que no asegura el cielo, pero nos pone a andar por *el buen camino*—. El teólogo francés prefiguraba un sistema para acercarnos a Dios de forma efectiva y no herética, y esto se podía hacer ni más ni menos que dedicándonos a lo nuestro. Cuanto más sacrifiquemos en el trabajo, más cerca estaremos del cielo. Y aunque ahora la desvinculemos de la religiosidad, resulta evidente que esta idea resiste hasta nuestros días.

Para Weber, la ética protestante es el gen de la ética del trabajo moderno. De hecho, según él, el ascetismo protestante —trabaja mucho y vive con poco— desembocó en la acumulación capitalista. De ahí que considere que importantes rasgos del protestantismo estaban en el ADN del capitalismo actual, que los puritanos y sus sucesores llevarían a los Estados Unidos. Debido al paso de los años, a la globalización y a la permeabilidad existente entre el sistema político-económico y las ideas religiosas, el país de las barras y las estrellas se convertirá en una especie de moral occidental del trabajo sustentada en dos ideas heredadas. En primer lugar, la del ser humano como amo de su destino, originaria de aquellos sacrificios y ritos supersticiosos que marcaban el margen de acción humano para satisfacer a los Dioses. Y en segundo lugar, la de la realización personal a través del trabajo, también heredera del desempeño sacrificado de una profesión como acercamiento a Dios. El protestantismo dejó una herida en la psique occidental que aún no ha cicatrizado: esto es, la idea de que nos realizamos a través del trabajo, que no importa cuánto sacrifiquemos en el desempeño de una profesión porque en última instancia esta nos eleva. Todo ello nos acerca a cumplir nuestro sueño. Antaño ese sueño podía ser el cielo; hoy es el éxito —económico, reputacional o de cualquier índole, poco importa—.

Para terminar este capítulo sobre los orígenes del debate que nos ocupa, vuelvo brevemente a Sandel: «El mérito comenzó siendo la idea *empoderadora* de que, con trabajo y fe, podemos inclinar a nuestro favor la gracia de Dios. La versión laica de esa misma idea dio lugar a una vivificante promesa de libertad individual: nuestro destino está en nuestras manos; podemos conseguirlo si ponemos empeño en ello. Sin embargo, este ideal de libertad nos aleja de las obligaciones de un proyecto democrático compartido». Y así se nos aparece el final de *El nombre de la rosa*. Así vemos a Adso, tras resolver los misteriosos asesinatos de la abadía, encontrarse de nuevo con la campesina. Lo vemos dudar, acariciar la mejilla de su amada; despedirse de ella en silencio y para siempre. Nunca supo cuál era el nombre de la campesina, que para el realizador Jean-Jacques Annaud —no tanto para Umberto Eco— era esa rosa que había clavado su espina en el corazón de un novicio. El personaje de Christian Slater optó por dedicarse en cuerpo y alma a lo que Dios tenía previsto para él. Hasta el pobre Adso de Melk eligió, a muy temprana edad, la profesión sobre el afecto.

Lo que pides y lo que te llega: la promesa incumplida del sueño americano

«Había creído en tiempos que la vida debía conducir a algo, que todos los conflictos y preguntas sin resolver iban conduciendo a una gran culminación [...] Sería incapaz de ir a trabajar por la mañana si no creyera que algo significa algo que significa otra cosa. Pero a qué conduce todo esto»

Intermezzo

Sally Rooney

Si este breve ensayo fuera una de esas películas que arranca con una imagen congelada y una voz en *off* diciendo «Sí, ese soy yo. Os preguntaréis cómo he llegado hasta aquí.», la imagen que veríamos sería bastante patética: un joven mira absorto un trozo de papel que sostiene frente a la puerta de una consulta gris, de un centro de salud atestado de gente. Me recetaron ansiolíticos por primera vez a los 32 años, mientras ejercía el cargo de responsabilidad más alto de mi carrera. No es que fuera gran cosa, pero era redactor jefe de un medio de comunicación pequeño pero importante dentro de la industria audiovisual española. Teletrabajaba desde casa sin un horario fijo, con *inputs* constantes y sin descanso desde que me conectaba hasta que apagaba el portátil y el teléfono móvil, a veces durante más de doce horas seguidas, muchos fines de semana incluidos. Vivía solo y pagaba un alquiler que el día uno de cada mes se zampaba la mitad de mi sueldo. Y ni por un breve instante me planteé si eso era lo que quería, si eso me estaba haciendo feliz: era lo que tenía que hacer porque no todos los días uno puede ser redactor jefe.

Había pasado por muchos trabajos en prensa digital y escrita, en agencias e incluso en puestos públicos de asesoría de comunicación política. Hasta un servidor, que no se tiene por un «animal de redacción», sabía que en el organigrama de uno de estos oficios conseguir ser redactor jefe era subir en una escala ascendente de posiciones. Creía en lo mismo que el personaje de Peter en *Intermezzo*, la novela de Sally Rooney: que la vida debía conducir a algo. A mí, a ser redactor jefe de un medio cinematográfico. Como Peter, yo también sería incapaz de conectarme y trabajar sin descanso de sol a sol si no creyera que algo significa algo que significa otra cosa. ¿El qué? No sé, la sensación de recorrer un camino empinado, de subir un peldaño. La necesidad de ver un orden subyacente, latiendo justo debajo del caos cotidiano, guiando los pasos que conducen a algún tipo de progreso, a cualquier sitio mejor. Un apego irracional al sentido.

Pero a pesar de que mi carrera profesional parecía estar progresando me sentía más pobre, solo y cansado que nunca. Y a la postre me dolía el pecho —¡por eso había ido al médico!—. Salí de la consulta con una receta de diazepam. No es de extrañar, tampoco: España es, desde la pandemia, el primer país del mundo en uso de benzodiazepinas. En 2022 la Organización de Consumidores y Usuarios (OCU) advertía de que los datos sobre consumo de psicofármacos utilizados para el tratamiento de trastornos de ansiedad e insomnio situaban a España a la cabeza mundial de su consumo, por encima de Estados Unidos.[6] Dos años después los datos arrojan una tendencia al alza: el 22 % de la población española consume actualmente este tipo de fármacos. De ellas, 4 de cada 10 personas lo toman todos los días. Si se tiene en cuenta el consumo de estos medicamentos en los últimos 5 años, la cifra de españoles que han hecho uso de estos fármacos asciende al 42 %.

Cuento esto no porque mi vivencia personal sea especial, sino precisamente porque no lo es. Si James Joyce pensaba que en lo particular estaba contenido lo universal no era porque la experiencia individual sea la medida de todas las cosas, sino porque lo que le ocurre a uno suele ocurrirle a muchos aunque uno se lo calle.

Pero ¿qué tiene que ver perseguir un sueño con el consumo de ansiolíticos? ¿Qué tiene que ver dedicarse a lo que a uno le gusta y trabajar mil horas? ¿Existe algún nexo entre la ética del trabajo moderna con vivir en un piso alquilado que cuesta un riñón?

Siempre me ha parecido muy significativo que quien acuñase la expresión «sueño americano» fuese un asesor financiero. No hablamos de un esforzado artesano sin más patrimonio que sus manos, tampoco un campesino que compensó su escasez de recursos con abnegado esfuerzo, ni siquiera de alguien que «empezó de cero» su negocio en un garaje. Fue un señor que ganó un dineral con la banca y luego se permitió escribir sobre las bondades de su país. Se llamaba James

Truslow Adams y nació en 1878 en el seno de una familia adinerada de Brooklyn, en Nueva York, hijo de una ama de casa y un corredor de bolsa, a su vez descendientes de migrantes venezolanos y guipuzcoanos. Ingeniero licenciado con posgrado en Yale, James se dedicó a la asesoría financiera y la banca de inversión e hizo fortuna como miembro de algunas de las firmas más prestigiosas que operaban en la Bolsa de Nueva York, el mayor mercado de valores del mundo en volumen monetario. Tras llenarse los bolsillos, trabajó para el demócrata Thomas Woodrow Wilson en el grupo de estudios que había montado —hoy lo llamaríamos *think tank*—, recolectando y elaborando datos para llevar a cabo exitosamente la Conferencia de Paz de París. Finalmente, dejaría tanto la política como la banca por considerar que ya tenía suficiente dinero e influencia como para pasar el resto de sus días cultivando su pasión: la escritura. Fue entonces cuando publicó un panegírico titulado *La epopeya de América,* en el que repasaba la historia de su nación —desde entonces también se le conoce como un historiador—. En el libro defendía que Estados Unidos había dado al mundo «un regalo», un sueño con la capacidad de volverse universal por sus justos principios democráticos: una vida en la que cada uno tiene las oportunidades que merece según sus capacidades y talentos.

Para Truslow Adams no se trataba de un simple sueño hecho de automóviles y buenos sueldos, sino de un orden social en el que cada hombre y cada mujer podían materializar al máximo aquello de lo que eran innatamente capaces y ser reconocidos por los demás por aquello que eran, independientemente de su origen. Su posición económica, no obstante, me hace sospechar que su idealista forma de concebir el progreso a través de la meritocracia y el trabajo duro tenía más que ver con cierta justificación narrativa de su privilegio. Es común entre la gente rica: se ven en la necesidad de argumentar su fortuna; dignificar a través de un relato del ascenso lo que en realidad fue herencia. Ya saben, Marta Ortega empezó doblando camisetas y nada que ver que su padre sea el español más rico del mundo con sus 95 805 millones de euros de patrimonio gracias al sector textil, o Elon Musk que, por supuesto, programó un videojuego a los doce años con el que ganó 500 dólares que iniciarían su imparable ascenso hasta convertirse en el hombre más rico del mundo, algo que en absoluto tiene relación con que su padre amasase una fortuna en explotaciones mineras de esmeraldas en Zambia. Claro que sí.

En cualquier caso, la idea de ese sueño americano arraigó tanto que devino una parte esencial de la identidad estadounidense, posteriormente convertida en leitmotiv aspiracional por excelencia del capitalismo tardío. No esencialmente ligada a un gran éxito económico o la conquista de cúspides de una carrera profesional pero sí a la realización, a través del sacrificio y del trabajo, de un sueño que bien podía ser muy humilde: una casa y un pedazo de tierra donde vivir tranquilo. Como decía el chaval de Fuentecerrada sin salir de la piscina —intuyo que poco consciente de la barbaridad racista que iba a proferir— en aquel vídeo viral del lejano verano del 2017: «La tranquilidad, la tranquilidad es lo que más se busca».

En la excelente exposición del Centre de Cultura Contemporània de Barcelona comisariada por el periodista cultural Philipp Engel, *Suburbia: La construcción del sueño americano*, se nos contaba el desarrollo e implantación de estas aspiraciones humildes como modelo global urbanístico primero, y sociológico y cultural después. Pensad en la imagen de la perfecta e inquietante armonía del barrio residencial de Lumberton de *Terciopelo Azul* (1986) o el de Wisteria Lane en *Mujeres desesperadas* (2004), y estaremos en sintonía.

Desde los primeros colonos a bordo del Mayflower, pasando por la conquista del Oeste y la construcción del ferrocarril, hasta llegar a los extensísimos suburbios modernos, la idea de una casita con jardín en una urbanización tranquila ha vehiculado las esperanzas de muchas generaciones. «Eisenhower, el *baby boom*, y la era dorada de la clase media. Esa es la *Suburbia* que más ha calado en el imaginario colectivo, como si hubiera quedado congelada en el tiempo. La culpa, como siempre, hay que echársela a la televisión y a la publicidad», explicaba el propio Engel.[7] Así, a lo largo de los cincuenta, cuando la televisión sustituye el fuego del hogar, series extremadamente populares allí como *Te quiero, Lucy* (1951), *Papá lo sabe todo* (1954) o *Leave It to Beaver* (1957) generaron un canon estético, un espejismo idealizado de la *american way of life* que convertía el hogar y la familia nuclear en el objetivo deseable de todo hijo de vecino. «La televisión contribuyó a construir *Suburbia* como una ficción», escribía el comisario de la exposición, puesto que «las *sitcom* y las series familiares pueden ser todas muy distintas, en cuanto a humor y según épocas, pero todas lanzan el mismo mensaje: siempre hay un momento en el que aparece un plano exterior de la casa donde se supone que transcurre la acción». Hasta en los títulos de crédito de la parodia más célebre heredera de aquellas *sitcom*, *Los Simpson* (1989), vemos cómo Marge casi atropella a Homer entrando por la cochera de una amplia casa unifamiliar con césped verde de camino a la puerta. Muchísimas personas en nuestro país han convivido durante años comiendo delante del televisor y viendo esas imágenes que dan siempre paso al *couch gag*, la secuencia de la familia sentada en el sofá frente al televisor, que cambia en cada episodio. «La televisión nunca ha dejado de crear deseo suburbano, y las risas enlatadas de las *sitcom* son como las sonrisas congeladas de los cincuenta: ya no se sabe muy bien de dónde vienen», hasta el punto de que la ficción y la realidad se parecen tanto que «lo normal es estar confundido, como si no hubieran pasado siete décadas desde entonces. Hasta el mismísimo Donald Trump, durante la campaña por las elecciones presidenciales de 2020, se erigió en guardián del "sueño del estilo de vida suburbano", además de dirigirse a la "ama de casa suburbana", obviando que, en la América de hoy, la mayor parte de las mujeres suelen trabajar fuera de casa. Un error de bulto que quizás le costó el Despacho Oval», reflexionaba Engel, que cuando escribió aquello no podía saber que Trump ganaría las elecciones de nuevo en 2024, dejándonos a este lado del atlántico con aquella sonrisa congelada de *sitcom*.

Una promesa rota

Como bien analizaba el periodista Jorge Dioni López en su excelente ensayo *La España de las piscinas*, si consigues conquistar tu parcelita por tus propios medios, estarás manteniendo vivo el sueño americano. Incluso en urbanizaciones idénticas realizadas con plantilla en Azuqueca de Henares (Guadalajara), San Blas (Alicante) o Arcosur (Zaragoza). Al final, como reflexiona el doctor en Estudios Americanos Jim Cullen en *The American Dream* «a lo largo de la historia humana, los pueblos han utilizado diversos medios para identificarse: linaje, religión, idioma, proximidad geográfica, una historia o tradición compartida o alguna combinación de estos elementos. Sin embargo, Estados Unidos ha sido siempre, esencialmente, una invención producto de un imaginario colectivo [...] Es una nación que ha sido invocada como un acto deliberado de elección consciente cada vez que una persona desembarcaba en sus costas. La lealtad explícita a esta idea, no la herencia involuntaria, es la base teórica de la identidad estadounidense».[8†] Con cada persona que llegaba a aquellas tierras con la promesa de que en ellas podría labrarse un futuro con sus propias manos, se reproducía el ADN de la identidad estadounidense. Pero como dice la filósofa Marina Garcés «las promesas incumplidas son la fuente de buena parte de la patología de nuestro tiempo».[9]

El chaval que mira absorto su receta de diazepam no ha ido nunca a Estados Unidos y ha escuchado hablar vagamente del sueño americano, pero sin duda sufre una patología de nuestro tiempo. Le duele el pecho por ansiedad, provocada por un trabajo que a duras penas le da para pagarse un alquiler, mucho menos para ahorrar un céntimo. ¡Y eso que está en una situación privilegiada! No puede quejarse porque se dedica a «lo suyo», trabaja de lo que le apasiona, *sarna con gusto no pica.* Ha progresado en el trabajo de sus sueños, se dedica a escribir en el sector cultural, es el jefe de un magnífico equipo humano. Pero le acaban de recetar ansiolíticos y su cuenta corriente dista mucho de estar saneada sin haber hecho nada más que vivir por sus propios medios —¡emancipado a los treinta!, ¡milagro!—. Por eso mira absorto la receta, ajeno al mo-

† Traducción propia. (Todas las notas al pie son del autor).

vimiento de la sala de espera del centro de salud. De pronto la puerta de la consulta se abre detrás de él y llaman al siguiente paciente por su nombre. Se aparta con torpeza para dejarle pasar, y siente que algo no le cuadra. Había creído que la vida debía conducir a algo, trabajaba porque algo significaba algo que significaba otra cosa. Su apego al sentido, su esperanza de progreso: todo le había llevado hasta esa consulta, ese insistente dolor en el pecho.

Con la llegada del siglo XXI, el ideal del sueño americano de una sociedad, en la que cada uno puede conseguir lo que quiera por humildes que sean sus deseos, se fue tornando más y más nebuloso, no solo sometido al vaivén de los tiempos y los movimientos sociales, sino sobre todo a una progresiva divergencia entre lo deseado y lo efectivo. Lo que la gente anhela vivir y lo que realmente vive. «La palabra que promete tiene tanta fuerza que desde un principio se apropiaron de ella "los señores": Dios prometió la salvación, el Estado constituyó el cuerpo político bajo promesa de protección y el capitalismo movilizó las aspiraciones individuales desde una promesa ilimitada de crecimiento y de acumulación. Ninguna de estas tres promesas se ha cumplido, aunque durante siglos han organizado el tiempo común y su sentido. Todavía lo hacen, quizá bajo una sombra creciente de peligro y desesperación», explica Garcés. Es como si estuviéramos atrapados en el meme de *cuando lo pides VS cuando te llega.* De hecho, creo que parte de la desafección política contemporánea —y la nostalgia autoritaria que siempre la acompaña—, proviene de esta divergencia: en el ejercicio democrático hemos normalizado la decepción constante para con las promesas electorales realizadas en campaña. Hemos asumido que lo más probable es que no se cumplan, y votamos movidos por la opción menos dañina para nuestros intereses, o la opción novedosa que se presente como gran alternativa revulsiva.

Garcés sostiene que el capitalismo actualiza y disemina por todos los ámbitos de nuestra sociedad lo que ella llama «la lógica de la promesa»: ofrece el espejismo de un progreso ilimitado. De ahí la divergencia. Eso que no le cuadra al chaval perplejo del centro de salud, quien no es otro que el que esto escribe, tiene que ver con cierta sensación de promesa incumplida. Cursó una carrera, trabajó sin descanso desde el primer momento en que salió de la facultad, vivió en distintas ciudades y pasó por etapas, algunas más duras que otras, pero pensando que en algún momento llegaría una oportunidad: un sueldo digno en un trabajo estable para vivir en un piso que le permitiera ahorrar algo. No mucho, algo. Pero para el cómputo que nos lleva hasta sus treinta y dos años, hasta el momento de la imagen congelada, lo que tiene es un contrato de alquiler, una raquítica cuenta corriente, un trabajo sin horarios y un pertinaz dolor en el pecho. «El delirio del ludópata es que, aunque pierda una vez tras otra, un día ganará mucho dinero.

El delirio de todos los que vivimos bajo el capitalismo es que, aunque las cosas nos vayan mal, en algún momento pueden empezar a irnos bien». Y enganchados a este delirio estamos, porque si no, qué nos queda.

Ficción y épica de la meritocracia

«Nos hablan de "fábrica de sueños" y nos quedamos con la palabra "sueño", cuando la que cuenta es la palabra "fábrica". Una fábrica para producir la noche cerrada»

Querido capullo
Virginie Despentes

«Sueñan las pulgas con comprarse un perro y sueñan los nadies con salir de pobres»

Los nadies
Eduardo Galeano

Suburbia, la ya mencionada exposición del CCCB, planteaba en uno de sus textos expositivos que desde el principio del siglo XIX, el estilo de vida americano había recurrido a «contundentes argumentos» de venta para imponer globalmente su ideal. Utilizaba con enjundia esa palabra: «argumentos». Evidentemente, hacía referencia a la acepción más utilizada de la palabra que viene a decir que un argumento es un razonamiento utilizado para demostrar una proposición, o para convencer de lo que uno afirma. Solo que la redacción era suficientemente imprecisa para que pudiera significar también que otro tipo de «argumentos» habían funcionado como mecanismo de propaganda y asentamiento del imaginario meritocrático. Los argumentos del cine, por ejemplo.

A través de muchas de las historias del cine clásico y contemporáneo —tal vez incluso más que cualquier otro arte—, Hollywood ha afianzado la figura del emprendedor y ha generado un imaginario sobre el que se sostienen los relatos que priman la obligación laboral, la plena dedicación al trabajo de tus sueños y el espejismo del progreso ascendente sobre el mero hecho de ser feliz. Un imaginario que al devenir global, ha calado en culturas muy distintas la norteamericana, como la japonesa a través del anime, como explicaré más adelante.

Claro que la felicidad nunca ha sido un buen motor narrativo: desde que aprendimos a contar historias, a la pulsión narrativa la mueve el drama. Si todo va bien no hay nada que contar, por eso existen los *happy endings*, porque cuando llega lo *happy* toca ir concluyendo el relato. Pero incluso asumiendo esto, resulta sorprendente cómo el séptimo arte se ha fijado en la meritocracia como generadora de historias de triunfadores en lo profesional, y perdedores en lo personal. Uno de los casos más paradigmáticos es el de *Ciudadano Kane* (1941) de Orson Welles, considerada una de las mejores películas de la historia, y que en el fondo no es más que el relato de un hombre hecho a sí mismo que, tras construir un imperio mediático y conseguir todo lo que se proponía, en su lecho de muerte echa de menos el candor infantil de un simple juguete navideño, el afecto y el cariño que no tuvo en su mansión de Xanadú. Pocos años después, *El manantial* (1949) de King Vidor —con guion adaptado por Ayn Rand, también autora de la novela original—, ya no mostraba un ápice de arrepentimiento al plasmar la carrera de un brillante arquitecto que termina destruyendo sus propias obras —paradójicamente pensadas para los demás—. Según el doctor en Análisis Económico por la Universitat Autónoma de Barcelona Santi Sánchez-Pagés, «*El manantial* quiere ser la historia del triunfo del individuo sobre las fuerzas de la mediocridad y el colectivo. [...] Rand reaccionaba contra el New Deal y la intervención del gobierno en la economía. Estaba convencida de que *El manantial* ayudaría a devolver a América su antiguo esplendor; era una advertencia del peligro que entrañaban el colectivismo y el altruismo que para ella abrían la puerta al totalitarismo, al fomentar que los individuos se dejaran gobernar por la voluntad de otros».[10] Por mucho que pasen los años, la idea de *Make American Great Again* que Donald Trump convirtió en lema para su campaña presidencial de 2016 es mucho más vieja de lo que parece, porque la nostalgia de algo que no existe es atemporal y eternamente joven.

En los años cincuenta, los británicos ofrecerían una de las más divertidas sátiras de la meritocracia jamás hechas: *El hombre vestido de blanco* (1951), de Alexander Mackendrick. En el film, un investigador interpretado por el jovencísimo Alec Guinness —que en mi cabeza siempre había sido el viejo Ben Kenobi de *La guerra de las galaxias* (1977)— inventa un tejido que ni se ensucia ni se desgasta. Con ello fabrica un traje inmune al paso del tiempo, las manchas y los eternos lavados, lo que escandaliza tanto a los trabajadores fabriles como a los dueños de las fábricas de todo el sector textil. Patronal y sindicatos se ponen de acuerdo por una vez para perseguirlo porque su descubrimiento, al tiempo que puede convertirse en un bien universal que mejore el mundo, puede acabar también con una actividad económica muy importante en el Reino Unido. Este investigador, inasequible al desaliento, es el perfecto emprendedor que recurre a engaños, triquiñuelas y seducciones para llevar a cabo su revolucionaria idea solo para descubrir al final que nadie la quiere, pues la obsolescencia es la base de la producción; si algo durara eternamente no haría falta comprar un algo nuevo.

Algo similar a lo que le ocurre al Preston Tucker al que da vida Jeff Bridges en *Tucker, un hombre y su sueño* (1988) de Francis Ford Coppola. En su afán por fabricar el coche más seguro y rápido del mercado en los Estados Unidos posteriores a la Segunda Guerra Mundial, el protagonista se enfrenta a los tres grandes fabricantes de automóviles del momento, Ford, Chrysler y General Motors, en una batalla en la que tras muchos boicots y palos en las ruedas, estas empresas consiguen sentarle en el banquillo de los acusados por fraude. En el último momento, Coppola pone en la boca de Tucker un monólogo redentor que actualiza la figura del emprendedor frente al sistema al más puro estilo Ayn Rand. «Solía leer a Edison, a los hermanos Wright, a Ford… ¡eran mis héroes! *De mendigo a millonario*[‡] no es solo una expresión, de eso va nuestro país. Inventamos un libre mercado donde cualquiera, si tenía una idea sobre

‡ En el alegato original se utiliza la expresión *rags to riches* que resulta difícil de traducir al castellano, esta es una traducción propia realizada con la ayuda del traductor audiovisual Javier Pérez Alarcón.

algo, podía llegar tan lejos como quisiera, sin importar quién era, de dónde venía o a qué clase social pertenecía. Crecí en una generación demasiado tardía, supongo, porque ahora el sistema trabaja de otra forma. El chiflado, el soñador del que todos se reían pero que luego revolucionaba el mundo, hoy se ahoga antes de sacar siquiera la cabeza del agua, porque los burócratas acaban con cualquier idea nueva antes de que pueda causar la más mínima perturbación en el sistema. ¡Hoy Benjamin Franklin sería arrestado por volar una cometa sin permiso!».

El espíritu de este alegato emprendedor, que bien podría suscribir Orson Welles en *Ciudadano Kane*, no dista mucho de los largos soliloquios entre la desesperanza y la confianza ciega que defiende el mismo Coppola en su última película, *Megalópolis* (2024). Los años pasan, pero el ideal del hombre dedicado por completo a su sueño, le pese a quien le pese, sigue vivito y coleando. Aunque no deberían pasarnos por alto los egos gigantescos que estos cineastas manejaban y que, de alguna manera, les podrían haber llevado a sentirse identificados con las figuras que plasmaron en sus films, precisamente por lo mucho que les costó a ellos hacer las películas. Es bien sabido que Welles no solo se las vio y se las deseó en el rodaje de *Ciudadano Kane* para conseguir hacer lo que quería, sino que tras su estreno en 1941 el importantísimo grupo mediático de William Randolph Hearst quiso frenar la distribución de la película por considerar que el Charles Foster Kane que protagonizaba la cinta era un sosias suyo, y por lo tanto *Ciudadano Kane* un ataque frontal a su persona. Tanto fue así que sus casi treinta periódicos, más sus radios y editoriales, llevaron a cabo una campaña de intimidación contra la RKO, y amenazaron con extender el pulso al resto de los cuatro grandes estudios de la era dorada de Hollywood. El chiflado casi se ahoga antes de sacar siquiera la cabeza del agua. Coppola, por su parte, llevaba trabajando en *Tucker, un hombre y su sueño* desde principios de los setenta, y siendo un proyecto que le apasionaba y apelaba profundamente, no pudo levantarlo durante años. Enfrentaba una deuda millonaria en la que estaba sumida su productora, Zoetrope, tras el rodaje de *Apocalypse Now* (1979) y sobre todo el fracaso comercial de *Corazonada* (1982). Incapaz de remontar, aceptaba trabajos de encargo a cambio de primas para reducir la deuda de la compañía, y durante años solo *Rebeldes* (1983) y *Peggy Sue se casó* (1986) le dieron algún nimio beneficio. La película no se rodaría hasta que finalmente acudiera a su rescate George Lucas, que la produjo con Lucasfilm gracias a los éxitos de la trilogía original de *La guerra de las galaxias* y las dos primeras de *Indiana Jones*. Los mismos problemas económicos enfrentó para hacer *Megalópolis* treinta y seis años más tarde, solo que en esta ocasión no saldría al paso su amigo Lucas —cuya compañía había comprado Disney en 2012—. Fue así como decidió autofinanciarse esta vez vendiendo sus viñedos y la bodega que había fundado a principios del siglo XXI. Cineastas y empresarios, sinónimos si me preguntan a mí: todos venden cuentos muy caros.

El *touchdown* que te hará rico

Pero si existe un género cinematográfico construido alrededor del ideal meritocrático del triunfo a través del esfuerzo, ese es el cine de deportes. Los grandes *popes* del cine mudo ya sabían de su potencial. Lo demostró Charles Chaplin en *Charlot, campeón de boxeo* (1915) con el más célebre vagabundo de la historia del cine ganando a un fortachón a base de empeño. También Buster Keaton y su adinerado tirillas que conseguía a su chica a base de partirle la cara a un campeón de boxeo en *Battling Butler* (1926), estrategia que tendría continuidad espiritual en *El colegial* (1927), en la que Keaton interpretaba a un estudiante modelo que se apuntaba a atletismo para captar la atención de su amada. Muchos años después, esta ansiedad masculina de sentirse menos válido por no tener el físico de un atleta, por muy inteligente que sea, sigue intacta como podemos comprobar en la conversación con la que se inicia *La red social* de Fincher (2010), cuando el protagonista se siente atacado porque su interés romántico le confiesa que los chicos de remo le ponen.

Como Harold Lloyd anotando el *touchdown* de la victoria en *El estudiante novato* (1925), el personaje de Rod Tidwell al que daba vida Cuba Gooding Jr. en *Jerry Maguire* (1997) también se levantó cuando no podía más, tras desmayarse en el suelo de un campo de fútbol americano atiborrado de gente hasta la bandera. Nadie le quería como jugador, decían que tenía mal carácter, pero gracias al empeño de su representante —el Tom Cruise cuyo personaje bautiza la cinta— consiguió darle la victoria a su equipo y triunfar con un jugoso contrato en una buena liga —al actor le valió un Oscar a mejor actor de reparto—. Tampoco nadie le dio ninguna oportunidad, ni una sola palabra amable ni de ánimo, al joven Rudy, interpretado por Sean Astin, que quería ir a la Universidad de Notre Dame de Indiana para jugar al fútbol americano en *Rudy, reto a la gloria* (1993). El único que le animaba a perseguir su sueño era su amigo Pete, que falleció delante de él en la fábrica de acero. En su funeral, Rudy decidió esforzarse al máximo, y consiguió romper las barreras de clase para jugar en el equipo de sus sueños. Tampoco nadie daba un duro por los jugadores de *Moneyball* (2011) que llevarían a los Oakland Athletics a romper un récord mundial de victorias seguidas en el béisbol. El director de cine Bennett Miller, gracias a un guion coescrito por Aaron Sorkin y Steven Zaillian, consiguió construir una historia de triunfo de los parias, jugadores que tenían taras —lanzaban la bola raro, tenían barriga, salían por las noches—. También un interesantísimo ensayo sobre la reformulación constante del sueño americano a través del mánager al que daba vida Brad Pitt, que enfrentaba la falta de ego de una aséptica fórmula científica al supuesto conocimiento y dilatada experiencia de los grandes asesores de las ligas de béisbol, que siempre le dijeron que su idea no iba a funcionar. Hasta que lo hizo, y todos le copiaron. Los de *marketing* lo llamarían ser disruptivos.

Como Keaton y Chaplin antes que él, el actor neozelandés Russell Crowe también se puso los guantes de boxeo para encarnar una historia de superación y éxito «basada en hechos reales». Las comillas son intencionadas. El caso: en *Cinderella Man. El hombre que no se dejó tumbar* (2000) dio vida a James J. Braddock, un hombre que había tenido una fugaz carrera como púgil semipesado, que se fue a pique por una serie de lesiones en las manos. Tras el Crac del 29 James lo perdió todo y, aunque trabajaba de sol a sol como estibador en los muelles de Nueva Jersey, no cobraba lo suficiente para mantener a su mujer —que también trabajaba— y sus tres retoños. Tuvo que acudir a la asistencia social, y hasta llegó a mendigarles a sus antiguos superiores en la liga para pagar un retraso de cuatro meses de facturas que había provocado el corte del suministro de luz de su infravivienda. Un día, por esos milagros fortuitos que tanto abundan en las historias meritocráticas, a Braddock le ofrecieron un combate con el que podría retirarse del mundo del boxeo: luchar contra un aspirante al título de pesos pesados a cambio de 250 dólares. La sorpresa llegó cuando el estibador, sin haber comido en un día, sin la técnica ni la preparación necesarias, tumbó a su contrincante, y lo que iba a ser solo una despedida digna se convirtió en un retorno por todo lo alto a la liga de pesos pesados. Llegó a ganar el título de campeón del mundo contra Max Baer. Cuando le preguntaban por qué luchaba, siempre dijo que lo hacía para poder poner comida caliente en la mesa de su hogar, nada más. La misma oportunidad milagrosa es la que se le presentaba al mítico Rocky Balboa de Stallone en la primera película de la saga *Rocky* (1976). Su personaje no era más que un pequeño —no literalmente— matón de barrio, que se ganaba unos duros haciendo recados para la mafia y golpeaba al saco de boxeo por afición. No estaba destinado a las grandes ligas, y nadie daba un duro por él: hasta su gimnasio le había retirado la taquilla. Pero un buen día se le presentó la oportunidad de encarnar el sueño americano. El desafío era que el campeón Apollo Creed —al que daba vida un magnífico Carl Weathers— necesitaba un contrincante para revalidar su título, pero el rival óptimo se había lesionado y el resto de púgiles se negaba a subir al cuadrilátero para partirse la cara con tan solo cinco semanas de preparación. Y hete aquí uno de los detalles más reveladores de *Rocky*: el combate que significaría un vuelco total en la vida de Balboa es en realidad una calculada estrategia de *marketing* diseñada para vender a la audiencia, precisamente, la idea de que el sueño americano seguía vivo. «Sin contrincantes de categoría, lo que hace falta es una novedad», dice en determinado momento del film el propio Creed. «Esta es la tierra de las oportunidades, ¿no? Pues Apollo Creed, el 1 de enero, le dará a un boxeador desconocido una oportunidad. Un verdadero desconocido. Y pondré su cara junto a la mía en este cartel. Y os diré por qué: porque soy un sentimental, como mucha gente de este país. Nada les gustaría más que ver a Apollo Creed darle a un chico de aquí, de Filadelfia, la oportunidad de conseguir el título en el mayor aniversario de este país. Así es como yo lo veo, y así es como lo vamos a hacer». «Me gusta, Apollo. Es muy americano», le contesta el presidente de la federación de boxeo, frotándose las manos ante las ganancias que le puede suponer un buen espectáculo. A lo que el campeón contesta: «No, Jergens, lo que es, es muy inteligente».

Y lo es, porque en el fondo nos gusta más que a un tonto un lápiz una buena historia de pringados que triunfan sin medios pero con ganas. Nos identifica con los perdedores, los *nadies* dueños de nada del poema de Galeano. Pero más relevante aún: nos muestra un camino para salir de pobres. Ficciones que guían como luces en un aeropuerto. Que nos hacen creer en la oportunidad, en el milagro, en las posibilidades de un sistema democrático proclive a la movilidad social en el que todo el mundo puede llegar tan lejos como sus esfuerzos lo lleven.

Ascensores animados

El cine nos ha contado mil milongas sobre el ascensor social, pero no solo a través del milagro que llega gracias al trabajo duro: también a través del amor. Y no, Walt Disney no tiene toda la culpa. Si pensamos, por ejemplo, en la mayoría de las princesas Disney, casi todas o proceden de la casta dominante o terminan perteneciendo a la nobleza, herencia de las narrativas caballerescas y los cuentos de hadas europeos. La movilidad social que experimentan es o bien para recuperar esa posición de privilegio, o para pertenecer a ella a través de un amor romántico. *La cenicienta* (1950) dejó de vestir harapos y fregar el suelo de rodillas cuando su príncipe descubrió lo bien que le encajaba el dichoso zapatito de cristal. *La bella durmiente* (1959), hija de reyes, despertó de su letargo con el beso de un príncipe —el *cringe* que da esta historia hoy en día está a todas luces justificado—. Ariel es hija del rey Tritón y princesa de los mares por mucho que ame a un príncipe de fuera del agua en *La sirenita* (1989), y Bella cambia su humilde casa por un gigantesco castillo pagando el precio de compartirlo con un maltratador en *La bella y la bestia* (1991).

En algunas ocasiones son ellos los que ven cómo su ascensor social los lleva a un ático de lujos a través de la conquista amorosa: Golfo mejora su estatus gracias a Reina en *La dama y el vagabundo* (1955), *Aladdin* (1992) deja de corretear por el bazar en busca de algo que llevarse a la boca para vivir en el palacio de Jasmín, y el bandido más buscado del reino, Flynn Rider, termina en la corte gracias a Rapunzel en *Enredados* (2010). En otras ocasiones, los y las protagonistas simplemente refrendan —*se hacen merecedores de*— su privilegio de cuna, como en *Merlín el encantador* (1963), *El rey león* (1994), *Hércules* (1997), *El emperador y sus locuras* (2000), *Frozen. El reino de hielo* (2013), *Vaiana* (2016) o *Raya y el último dragón* (2021).

Solo en unas pocas ficciones animadas de la casa del ratón se abrazaba completamente el relato emprendedor que, como hemos visto, convertía los principios meritocráticos del trabajo duro y el esfuerzo en palabra sagrada aspiracional. Es el caso de *Tiana y el sapo* (2009), que lejos de cualquier palacio contaba la historia de una joven cuya máxima aspiración era abrir su propio negocio. Tiana compaginaba dos trabajos a jornada completa con cuidar de su madre viuda, y aun así conseguía ahorrar para cumplir su sueño: abrir un restaurante en el que poder cocinar Gumbo, guiso típico de Nueva Orleans, para todos sus vecinos. Un objetivo humilde, noble, que consigue exclusivamente a través del trabajo duro y honrado. A pesar, por cierto, de un príncipe que no es ningún ascensor social pues está en bancarrota y la arrastra con su propia maldición a convertirse en sapo.

Pero, como decía, no todo es culpa de Disney. *Shrek* (2001) también saltaba en la escala social al conocer a Fiona. Y no menos relato del emprendedor es *Monstruos, S. A.* (2001), la historia de dos amigos que cambian una industria energética con un fortuito descubrimiento disruptivo. Ni menos meritocráticos y esforzados los ascensos en sus respectivas carreras automovilística o cocinera de Rayo McQueen en *Cars* (2006) o la rata Remy en *Ratatouille* (2007).

De hecho, la idea del esfuerzo asociado al progreso, de que el único límite de hasta dónde puedes llegar lo marcas tú, es un arquetipo narrativo básico del anime japonés, especialmente los *shōnen* —denominaciones que designan demográficamente el público objetivo de cada anime, en este caso chicos adolescentes—. Goku, Vegeta y sus colegas se encerraban a entrenar y ponerse cachas en la Sala del Alma y el Tiempo, donde un año era un día en la tierra, cada vez que debían vencer a un enemigo más poderoso que ellos en *Dragon Ball Z* (1989). Después lo derrotaban y a por el siguiente, en una escala ascendente de esfuerzo y superación. Un chaval conflictivo pero de buen corazón como *Naruto* (2002) no lo tenía fácil para convertirse en Hokage, líder político y militar de la aldea de ninjas de Konoha, pero a pesar de tener una bestia mítica y peligrosa encerrada en su interior, el joven tuvo que ganarse el respeto de toda la aldea a base de esfuerzo y superación, consiguiendo cumplir su sueño. Y lo mismo podríamos decir de muchas otras series de animación niponas como *One Piece* (1999), *Bleach* (2004) y más recientemente *Guardianes de la noche* (2019) o *Jujutsu Kaisen* (2020), cada día más populares en nuestro país. Las películas de animación japonesa han duplicado su presencia en los cines en los últimos cinco años y han aumentado proporcionalmente su recaudación, a menudo situadas como líderes de taquilla con números que ya quisieran títulos con palmas de oro en Cannes, como es el caso de cintas como *Guardianes de la noche. La película: Tren infinito* (2021) *One Piece Film: Red* (2022) o *Dragon Ball Super: Super Hero* (2022) que hizo casi dos millones de euros y una recaudación en un 80 % proveniente de Cataluña (¡Allí están todos los fans!). Todos estos títulos son como figuras de Playmobil: cambia el aspecto, pero todos funcionan con las mismas piezas y tienen la misma movilidad. Entrena, lucha por tus objetivos, vence a tu enemigo, vuelve a entrenar, lucha, vence. El mismo armazón narrativo sobre el que se constituye la razón de ser del cine de deportes, y con el mismo acento en el esfuerzo individual que el cine de emprendedores. Son los «argumentos contundentes» con los que el sentir meritocrático se ha convertido en global.

«En condiciones de desigualdad galopante y movilidad estancada, reiterar el mensaje de que somos individualmente responsables de nuestro destino y merecemos lo que tenemos erosiona la solidaridad y desmoraliza a las personas a las que la globalización deja atrás», decía Sandel. Asumir que el ascensor está roto, aquí y al otro lado del charco, es tan difícil como necesario. Pero esa asunción no nos puede llevar a comprar el marco de quienes creen que cada clase social tiene lo que se merece. Así las cosas, no nos extraña el desencanto generacional, tampoco con la ficción que alentó la fantasía de la movilidad económica y el ascenso a través de la persecución de sueños individuales. Historias de emprendedores o de pringados que llegaban a lo más alto con el sudor de su frente y ante las miradas condescendientes de los demás. Esta erosión de la solidaridad y desencanto individual es un caldo de cultivo óptimo para discursos reaccionarios. Por eso es tan fácil hoy ver a muchos hombres invocar los monólogos nihilistas y profundamente cínicos de una cinta de culto como *El club de la lucha* (1999), cuyo personaje interpretado por Brad Pitt decía: «Crecimos con una televisión que nos hizo creer que algún día seríamos millonarios, dioses del cine o estrellas del rock. Pero no lo seremos. Y poco a poco lo entendemos. Lo que hace que estemos muy cabreados».

Cincuenta sombras del *self-made man*

«Un régimen que no proporciona a los seres humanos ninguna razón profunda para cuidarse entre sí no puede preservar por mucho tiempo su legitimidad»

La corrosión del carácter
Richard Sennett

«Recuerda que dijo no sé quién: en Italia en treinta años de dominación de los Borgia no hubo más que terror, guerras, matanzas… pero surgieron Miguel Ángel, Leonardo Da Vinci y el Renacimiento. En Suiza, por el contrario, tuvieron quinientos años de amor, democracia y paz. ¿Y cuál fue el resultado? ¡El reloj de cuco!»

Harry Lime en *El tercer hombre*

Resulta significativo el cabreo con el que termina el anterior capítulo. Se habrán dado cuenta ustedes, pero por si acaso lo subrayo: los ejemplos utilizados en él son abrumadoramente viriles. Prácticamente la totalidad de las historias y ficciones que han fraguado el mito de la meritocracia están protagonizadas por hombres. Eso no significa que no haya historias de mujeres emprendedoras; las hay, pero son las menos y sus historias tienen un componente diferencial clave: la doble carga que enfrentan por acarrear el trabajo remunerado del ámbito laboral y a la vez el trabajo no remunerado del ámbito doméstico, que les complica mucho más a ellas que a ellos para poder cumplir sus sueños. En *Erin Brockovich* (2000) Julia Roberts interpretó a una madre soltera, pobre y parada con dos niños a su cargo que, sin formación en abogacía, consiguió armar un caso de demanda colectiva contra una gran compañía, cuya indemnización a las víctimas fue la mayor de la historia de Estados Unidos. Brockovich descubrió una cantidad sospechosa de enfermedades en Hinkley, un pequeñísimo pueblo de California en el que los humildes hogares de la gente estaban a un tiro de piedra de unas instalaciones de la gigantesca Pacific Gas & Electric (PG&E), que se descubrió que llevaba años contaminado el agua de la zona con cromo hexavalente, una forma tóxica de este metal utilizada hasta entonces para prevenir el óxido en las fábricas. Tras cinco años recabando testimonios y pruebas, un proceso fantásticamente retratado en la película de Soderbergh que le valió el Oscar a Mejor actriz a Julia Roberts, en 1996 la justicia falló a favor de los vecinos y vecinas de la localidad y ordenó que la gran compañía energética debía indemnizar a unas 600 personas enfermas con un total de 333 millones de dólares. Estamos ante una historia de un esfuerzo ímprobo que al final hizo famosa y rica a una mujer humilde llamada Erin Brockovich, que de hecho escribió un libro de memorias cuyo título es puro sueño húmedo meritocrático: *Take It From Me: Life's a Struggle But You Can Win*. Con todo, la película no solo narra esta historia: enfrenta a la protagonista a la culpa por desatender a sus hijos, al hecho de tener que delegar su cuidado en vecinos, enfrentarse a su pareja —un hombre que se siente emasculado porque *solo* cuida de los chavales—, y a los comentarios y juicios de una sociedad que la considera mala madre.

Años después, con menos atino y más aire de historia ejemplarizante neoliberal, películas como *Joy* (2015) de David O. Russell remarcarían que las protagonistas emprendedoras triunfan con una capa de dificultad extra por ser mujeres: el peso de cuidar. La importancia de hacerlo. Es como si, para pasarse el mismo videojuego, ellos jugasen por defecto en modo fácil y ellas en modo experto letal. Ni Charles Foster Kane, ni Howard Roark, ni Sydney Stratton, ni Preston Tucker ni más recientemente César Catilina ni ninguno de los protagonistas de las historias que destacábamos en el capítulo anterior tuvieron que preocuparse por ejercer los cuidados porque eran hombres. No tuvieron que conciliar. Protagonistas con grandes ideales, con ideas que los llevaron a innovar y a triunfar, disruptores y no sé qué más cosas. Hombres que tenían hijos y comían caliente pero no cambiaban un pañal ni sabían hacerse una tortilla.

Ignoraban conscientemente quién le hacía la cena a Adam Smith, una regla fundamental del patriarcado. Este padre de la ciencia económica publicó en 1776 una especie de biblia capitalista llamada *La riqueza de las naciones* en la que sostenía: «No es de la benevolencia del carnicero, cervecero o panadero de donde obtendremos nuestra cena, sino de la preocupación por sus propios intereses». Como más tarde señalaría la escritora y periodista sueca Katrine Marçal, la tesis de Smith venía a decir que el carnicero no es carnicero porque le guste serlo, sino porque si ofrece buena carne a un precio razonable tendrá más clientes y ganará más dinero. Tampoco el cervecero ni el panadero. Todo el mundo hace lo que hace por interés propio. «No es que realmente les preocupe que la gente tenga buena carne, buen pan y buena cerveza; no, esa no es la fuerza motriz. La fuerza impulsora es el interés propio. Y el interés propio es algo en lo que se puede confiar de verdad, pues es un bien inagotable», escribía Marçal.[11] «Cuando Adam Smith se sentaba a cenar, pensaba que si tenía la comida en la mesa no era porque les cayera bien al carnicero y al panadero, sino porque estos perseguían sus propios intereses por medio del comercio. Era, por tanto, el interés propio el que le servía la cena. Sin embargo, ¿era así realmente? ¿Quién le preparaba, a la hora de la verdad, ese filete a Adam Smith?», planteaba. Pues bien: lo hacía su madre. El bueno de Adam vivía con su mamá, que le preparaba sus cinco comidas al día, le limpiaba la ropa y le hacía la cama para que él, a sus 53 años, escribiese y publicase *La riqueza de las naciones*. Con este revelador ejemplo, la tesis de Marçal deja al descubierto el agujero negro sobre el que se construyó la teoría de Smith: la invisibilizada labor de las mujeres cuidadoras en la economía.

La ficción no solo nos ha vendido una idea de meritocracia aceptable por inspiradora; también nos ha mostrado como deseable una idea de hombría masculina, un ideal de hombre hecho a sí mismo que persigue sus objetivos inmune a la adversidad y liberado de cualquier carga familiar o afectiva. Aun cuando este ideal de hombre resultaba ser el de un inútil, egoísta y misógino que delegaba la conciliación siempre en la mujer.

Por todo esto, sorprende más si cabe el deje viril del cabreo derivado de la frustración de expectativas, la ruptura del ascensor social y el desarme pieza por pieza del sueño americano: se trata de un enfado eminentemente masculino y conservador. La rabia del Tyler Durden en *El club de la lucha,* el ánimo de sus secuaces terroristas e inclinados a la autodestrucción asume un ánimo revanchista cuyo objetivo es ver todo arder. «Un regreso a una masculinidad arcaica y agresiva, desentendida del mundo y de sus problemas», en palabras del periodista Pedro Vallín,[12] «una reacción contra el neoliberalismo del esfuerzo y la productividad en forma de cinismo satisfecho, ácrata, nihilista y violento».

Los hombres blancos cabreados son un fenómeno político de nuestro tiempo, ampliamente estudiado, con ramificaciones en todas las esferas de nuestra realidad y con ecos internacionales palpables desde el auge de la ultraderecha en Europa a la reelección de Trump como presidente de los Estados Unidos en 2024 o el éxito de partidos reaccionarios, vigoréxicos de bulos y estupidez como Se Acabó La Fiesta. Las razones de ser de este fenómeno darían para un libro aparte, pero cabe mencionarlo brevemente a través de las palabras de una de las personas que más brillantemente ha reflexionado sobre él: el sociólogo experto en estudios de género y portavoz de la *National Organization for Men Against Sexism* Michael Kimmel, autor de *Hombres (blancos) cabreados.*[13] «Por supuesto, existen diferencias fundamentales, pero necesitamos explorar cómo el género se vincula con estos movimientos políticos», me dijo el propio Kimmel en una entrevista que tuve la suerte de hacerle en enero de 2020.[14] Aquello fue antes del asalto al Capitolio perpetrado por hombres blancos jaleados por un Trump que había perdido las elecciones y llamó al boicot —curiosamente las que le volvieron a sentar en el despacho oval ya no tuvieron un ápice de fraude, una moderna prerrogativa de la derecha actual: solo son elecciones fraudulentas si las pierden ellos—. «Si hablamos del apogeo de Vox en España, o la extrema derecha en Francia y Alemania, las emociones y sentimientos son sorprendentemente parecidos: algo se ha perdido y los hombres blancos cabreados se sienten castrados por el llamado "Nanny state"», un término anglosajón referido a un gobierno que legisla *en demasía* sobre cómo las personas deberían vivir sus vidas, según el Diccionario de Cambridge. Rebelados contra esa idea de un estado que *mima* —el lenguaje siempre resulta revelador, el candor femenino asociado al término *nanny* es despreciado a ojos masculinos—, que les dice cómo tienen que vivir y sentirse, estos hombres quieren recuperar su libertad, quieren reconstruir el sueño americano con sus propias manos. Quieren creer en el relato del hombre hecho a sí mismo, en la promesa de libertad individual que les dice que su destino está en sus manos y pueden conseguirlo si le ponen empeño. Algo que la sociedad moderna les ha arrebatado. Kimmel opina que «el ideal del sueño americano es el ideal de la meritocracia. Pero dicho ideal omite que, durante generaciones, la partida ha estado amañada. Así, cualquier acercamiento a la igualdad les parece una derrota». Este hombre blanco cabreado que se apuntaría a ciegas a un club de la lucha cree que el mundo en el que vive, según Kimmel, «no le recompensa de la forma en que recompensó a su padre y abuelo: con la simple idea de que si trabajaban duro podrían mantener una familia y una casa propia. Estos hombres se sienten atrapados y anhelan liberarse», pues, «el mundo que vio medrar al hombre blanco entre promesas de que encontraría su lugar en la escala económica por su cara bonita, está a punto de pasar a la historia».

Vales lo que trabajas: el mito del *self-made man*

En este momento del razonamiento es donde aparece con fuerza otro mito felizmente en decadencia: el del *self-made man*. Ese padre y ese abuelo de los que habla Kimmel fueron hombres hechos a sí mismos. Mártires de la meritocracia hoy reverenciados por bisonos conversadores. La nostalgia reaccionaria con la que el hombre blanco invoca los ejemplos de generaciones pretéritas de hombres que pudieron labrarse un porvenir a base de esfuerzo y ordenar sus vidas a través del trabajo, no tiene nada que ver con conciliar los afectos, con vivir una vida plena, amable y feliz. Tiene que ver con el poder que antaño tenía este mito para sostener el privilegio del hombre blanco. Y sí: tiene una fijación con el trabajo.

Partimos de la base de que los estadounidenses consideran que son una nación hecha a sí misma, un concepto difuso que les sirve de argamasa cultural a pesar de sus diferencias. El doctor en Estudios Literarios por la Universidad Complutense de Madrid, Alejandro de la Cruz Tapiador, describe en su tesis que el mito del *Self-Made Man* «constituye un poderoso símbolo del imaginario norteamericano en términos históricos, tan revelador por lo que cuenta como elocuente por lo que oculta; y aunque está revestido de unos ideales de esfuerzo, trabajo duro, perseverancia, frugalidad y propósito, tanto individual como colectivo, también puede ser empleado para justificar el ansia irrefrenable de riqueza, la concepción del dinero como fin en sí mismo, el individualismo exacerbado y la codicia».[15] Para este autor la llegada de los primeros peregrinos a bordo del Mayflower ya tenía un componente de búsqueda de libertad, por bien que libertad religiosa en su caso, que sería fundamental para configurar a posteriori el imaginario estadounidense del sueño americano. «La misma Revolución ya se pretextó en la propia libertad y en el recuerdo de aquellos que atravesaron el océano en busca de ella. El mito del *self-made man*, al menos en su versión más primigenia, alberga en su seno este mismo mensaje: libertad, independencia, tanto económica como de pensamiento, no deberse a nadie más que a uno mismo ni hallarse encadenado por la deuda y la servidumbre que esta lleva implícita». En su tesis, las ejemplarizantes historias de vidas de grandes hombres —nunca mujeres, por qué será—, tejen una imagen de nación cuya piedra angular se sitúa en la biografía de un señor llamado Benjamin Franklin.

El nombre de este señor nos devuelve a Max Weber y su explicación de cómo la ética protestante fundó el carácter laboral del capitalismo moderno. No en vano, en busca de una definición del espíritu capitalista, Weber acude a dos textos de Franklin, padre fundador de los Estados Unidos: uno escrito en 1736 bajo el título *Hints to Those That Would Be Rich* y otro escrito en 1748 y llamado *Advice to a Young Tradesman*. Deduzco de ambos títulos que la retórica de la autoayuda y los textos que sustentan la gramática de la sibilina autoridad del «ayúdame a ayudarte» forman parte de la genética identitaria estadounidense. En ambos escritos se sitúa el nacimiento de una nueva mentalidad económica individualista en la que el sociólogo y jurista alemán señala que el trabajo, el esfuerzo y la creación de riqueza —para uno mismo— se elevan a deber moral, alejando la brújula de lo que está bien porque produce felicidad, deleite o bienestar individual o colectivo. «Utilizamos aquí la expresión "espíritu del capitalismo" para esa mentalidad que aspira profesional y sistemáticamente al lucro por el lucro mismo, en la forma en que se expuso con el ejemplo de Benjamin Franklin, lo hacemos por un motivo histórico, porque esa mentalidad encontró su forma más adecuada en la empresa capitalista y porque, por otro lado, la empresa capitalista encontró en ella el impulso mental más adecuado», en palabras de Weber.[§]

Ese espíritu es hoy sacralizado por popes neoliberales que ven en él una explicación de su privilegio, una justificación de su éxito. No en vano uno de los libros que más cita Elon Musk —tal vez porque tampoco ha leído demasiados—, es la biografía *Benjamin Franklin: An American Life* escrita por Walter Isaacson, quien por cierto hizo célebre la odisea vital de Steve Jobs que luego convertiría en película Danny Boyle. Elon Musk adora todo lo que Benjamin Franklin representa y siempre que puede sostiene que es una de las personas que más admira de la historia de este nuestro mundo.

¿Por qué? Una posible respuesta nos la brinda el sociólogo y profesor de la London School of Economics Richard Sennett cuando defiende el fácil contagio de una moral protestante vinculada al trabajo, que propaga la disposición a ahorrar más que a gastar como acto de autodisciplina y sacrificio. Eso «da lugar a un nuevo tipo caracterológico: el hombre empeñado en probar su valor moral por el trabajo».[16] De ahí que el *pater*

§ *Ibid.* En lo sucesivo, para evitar llenar de *ibides* y de notas al pie de las que tan fan era David Foster Wallace, solo deseo dejar aquí por escrito que las citas de un mismo autor o autora responden siempre al libro referenciado en la bibliografía final. En caso de que no se tratase del mismo título, así se reflejaría en la cita y la bibliografía.

familias de la tierra donde los sueños pueden hacerse realidad solo con esfuerzo, fuese retratado por Weber como alguien «temeroso del placer y obsesionado con el trabajo». Sennett va mucho más allá del mito que nos ocupa, pero sí atiende de forma meticulosa esta confusión de términos de valer lo que uno trabaja. Para él, la esfera de lo laboral ha ordenado en gran medida las experiencias de vida de generaciones de trabajadores forjando su carácter personal, pero en el nuevo capitalismo la precariedad, la constante flexibilidad horaria, la ausencia de rutinas y la asunción cada vez más particular y menos empresarial de riesgos han transformado nuestra forma de ser, nuestro carácter. Todos estos cambios han debilitado lo que él llama «el pronombre peligroso»: el nosotros.

En esto sí que nos incumbe el mito del hombre hecho a sí mismo precisamente porque individualiza el éxito, reniega de lo colectivo. El progreso social y económico solo es atribuible a las gestas y empeños de una plantación de nabos que desde Benjamin Franklin a Elon Musk nos han dicho lo deseable que es la independencia total, deberse solo a uno mismo y su sueño. Y como prueba están ellos y sus vidas deslumbrantes. Los vínculos afectivos y los cuidados en el mito del *self-made man* aparecen como piedras en el camino. Lo único que vale es el ascenso profesional, crecer en lo económico, escalar en los organigramas internos empresariales, pues esto es lo que marca el valor moral de un individuo.

Prometo no mencionarlo más pero, ¿saben qué tuiteó el CEO de Tesla y fundador de Space X inmediatamente después de comprar la red social Twitter por 44 mil millones de dólares? Musk lanzó un latinajo de cuatro palabras: *Per aspera ad astra*. La traducción puede variar pero viene a decir que recorriendo el camino áspero de la vida se llega a las estrellas, o lo que es lo mismo, que el triunfo requiere esfuerzo.

Asociar lo mucho que vale uno por lo mucho que trabaja por sus sueños, piedra de Rosetta del mito del *self-made man*, lleva aparejada una necesidad de vestir de épica lo que es trabajo. Una suerte de impulso narrativo masculino que la ficción sabe recoger: el mito necesita de una respetabilidad incuestionable para trascender. Y pocas cosas más arraigadas que la trascendencia a través del sufrimiento. El peso de la iconografía de la crucifixión así como la tradición judeocristiana de la pasión nos han dicho durante siglos que el tormento es un billete a la redención. El trayecto, como el camino a la cruz, es obligatoriamente esforzado y de gran dificultad.

Incluso si nos queremos desembarazar del influjo religioso, también encontramos el padecimiento salvador en cierta reinterpretación moderna y productivista de la cultura clásica. Como ejemplo tenemos la significativa malinterpretación popular del inicio del poema Ítaca de Constantinos Cavafis: «Cuando salgas de viaje para Ítaca, desea que el camino sea largo, colmado de aventuras, de experiencias colmado».[17] Se asume comúnmente que estos versos dicen que para llegar a un destino es deseable un camino arduo porque se aprende mejor a través del error, el trauma. Como le pasaba a Pinocho, que solo aprendía a través del castigo y la letra con sangre entra. ¿No dice tu taza de Mr. Wonderful que cada crisis es una oportunidad?

En realidad el único mensaje del poema —si es que tenía alguno— era que lo que te cambia es el viaje y no el destino, y eso nada tiene que ver con pasarlas canutas. Para él, no hacía falta imitar a Ulises en sus lances, ni enfrentar lestrigones ni dejar ciego al Polifemo de turno. Prefería rogar que el camino de vuelta al hogar fuese largo para que «sean muchas las mañanas estivales en que —¡y con qué alegre placer!— entres en puertos que ves por vez primera. Detente en los mercados fenicios para adquirir sus bellas mercancías, madreperlas y nácares, ébanos y ámbares, y voluptuosos perfumes de todas las clases, todos los voluptuosos perfumes que te sean posibles. Y vete a muchas ciudades de Egipto y aprende, aprende de los sabios». El viaje no está para aprender, está para gozarlo, pues no te encontrarás mayores complicaciones que «las que lleves ya en tu alma».

Los hombres hechos a sí mismos, emprendedores y supuestos triunfadores, tienden a escenificar lo mal que lo han pasado, lo mucho que les ha costado llegar a donde están. Saben justificar su posición a través de la sufrida trascendencia. Como si no les definiese nada más que sus logros, grandes o pequeños, parecen repetir constantemente: «Yo he llegado hasta aquí porque me lo he currado. He sacrificado el gozo, el placer y el buen vivir para conseguir lo que tengo. Me he esforzado, he trabajado duro y por fin soy alguien. ¿Tú estás dispuesto a hacerlo? ¿Tienes lo que hace falta tener?».

El cine contemporáneo es proverbialmente generoso en relatos que defienden que la excelencia solo se alcanza con sufrimiento. En *Cisne negro* (2010) la Nina Sayers que le valió el Oscar a Natalie Portman es una bailarina cuyo único objetivo vital es ofrecer la mejor interpretación de *El lago de los cisnes*. Un papel que la lance al estrellato de una vez por todas. Es la protagonista de la obra pero su responsabilidad es doble porque da vida tanto a Odette, la reina de los cisnes e inmaculado cisne blanco, como a Odile, el malvado y seductor cisne negro. En su proceso por dar lo mejor de sí en ambos roles, sufre manipulación y abusos psicológico y físico por parte del director de la obra, Thomas Leroy. Convive con trastornos de la conducta alimentaria y el estrés le produce eccemas que no puede evitar rascar, infligiéndose heridas y rasguños graves, incluso vemos como se arranca la piel a tiras. Poco a poco, la presión en aumento la sumerge en un estado de alerta lleno de brotes psicóticos y enajenación hasta el estreno de la obra. Ese día, herida de muerte, sonríe satisfecha y pronuncia como últimas palabras: «Ha sido un espectáculo perfecto».

En *Whiplash* (2014) Andrew Neimann —interpretado por el actor Miles Teller— es un joven baterista que acaba de ingresar en el conservatorio Shaffer, considerado el mejor de Nueva York, por ende uno de los mejores del mundo. Quiere hacer historia, sonar en los mejores locales, aparecer en las reseñas del *New York Times,* así que practica diaria y obsesivamente para conseguir su meta. Un buen día, uno de los profesores más reputados del conservatorio, Terence Fletcher —fantástico J. K. Simmons— le descubre en mitad de uno de sus ensayos y le ficha para su banda de jazz, con la que la institución musical gana prestigiosas competiciones y reconocimientos. Desde ese momento, Fletcher someterá a Neimann a una gran presión psicológica basada en *bullying,* humillaciones públicas y agresiones físicas para supuestamente convertirlo en su mejor versión. Neimann se alejará de todo y todos, se centrará en *mejorar* a los bombos y el platillo, tocará hasta producirse úlceras por fricción y presión, sangrando en los ensayos y en los directos, sumergiendo sus manos en hielo para seguir tocando, sin tiempo para limpiar las baquetas ensangrentadas. «El genio se hace a fuerza de sangre, sudor y lágrimas, sostiene claramente esta película enfática que oculta, bajo un sentido del espectáculo y un juego de manipulación emocional muy del gusto académico, una loa algo escalofriante a una cultura del esfuerzo que pasa por encima de la letra pequeña de la fragilidad y las debilidades humanas», escribía el excrítico de cine Jordi Costa.[18]

Este empeño por destacar en un ámbito productivo o artístico concreto y siempre, siempre, libremente escogido, en ocasiones conduce a la locura. Lo podemos ver en los borbotones de sangre de *American Psycho* (2000), en la mirada fascinada ante el horror de Jake Gyllenhaal en *Nightcrawler* (2014) o en la ristra de cadáveres del personaje de Maxine interpretado por Mia Goth en la trilogía *X (X* en 2022, *Pearl* también en 2022 y *MaXXXine* en 2024) de Ti West. Todas estas películas dejan claro que para prosperar en un sector laboral hay que mancharse las manos, hacer cosas desagradables, inclusive cometer crímenes. La recompensa vale la pena porque se asciende, aunque el botón del ascensor social tengas que pulsarlo con las manos llenas de sangre.

Pero si hay un tropo narrativo que insufla épica al relato meritocrático, este es el del precursor: el hombre que llega hasta donde nadie más ha llegado. Gran parte del género *western* se basa en esta admiración, pero en el cine actual sobran ejemplos. Lo vemos en la obsesión del militar y explorador británico del siglo XIX Percy Fawcett, primero retratado por el escritor y periodista David Grann, y luego encarnado por Charlie Hunnam en *Z, la ciudad perdida* (2016). Militar de carrera pero cartógrafo de profesión, este hombre fue enviado a la selva amazónica para que trazase una frontera entre Brasil y Bolivia que fuese legible en mapas. Primeramente subvencionado por el Gobierno —dicha frontera favorecería la explotación de caucho en la zona sin provocar conflictos diplomáticos—, Fawcett fue perdiendo poco a poco el apoyo académico e institucional debido a su empeño en defender la existencia de una civilización perdida en el Amazonas, pretérita a la británica, es decir anterior a lo que los prohombres de entonces consideraban como único mundo civilizado. La terquedad en la búsqueda de su objetivo, que no es otro que probar la veracidad de la leyenda de El Dorado, le costó a Fawcett absolutamente todo: el prestigio, el amor de su familia e incluso su vida y la de su hijo. Por domar lo indomable, no fue menor el precio que tuvo que pagar el capitán Ludvig Kahlen al que daba vida Mads Mikkelsen en la excelente *La tierra prometida (The Bastard,* 2023). Empeñado en demostrar a la corte del rey danés que el páramo de Jutlandia era cultivable, y por lo tanto podía ser colonizado para extender los dominios de la corona, pasaba hambre, frío y enfermedad, castigos y torturas indecibles por parte del gobernador de la zona, se enfrentaba a la ley y lo perdía todo.

Kahlen llevó a la civilización más lejos de lo que nunca había estado, como lo hicieran los astronautas del Apolo 11. Para que Neil Armstrong diese ese «pequeño paso para el hombre» antes sufrió lo indecible e hizo sufrir mucho a sus seres queridos, como nos muestra la ambiciosa *First Man* (2018). Y todo para convertirse, con el tiempo, en el ejemplo perfecto de que solo el dolor nos lleva a las estrellas. ¿Valió la pena? ¿Vale la pena tanto sufrimiento propio y ajeno por cumplir un sueño? ¿Por hacer *check* en un objetivo, en el fondo, laboral?

Todos y cada uno de los personajes que acabo de destacar tienen en común que están solos en la consecución de sus metas. El primer sacrificio exigido para el éxito es el afecto. Además de enfrentarse a retos que requerían esfuerzos sobrehumanos, eco constante e infinito de la pasión de Jesús, en estas historias hay otro común denominador: para llegar lejos, hay que viajar solo. No son historias en las que las metas se consigan desde lo colectivo, llegando a alianzas estratégicas, ayudados por valores de confianza, lealtad, camaradería y amor. Son historias *per aspera ad astra.* Por eso cabe mencionar una película, que titulada con la mitad del latinajo, sostiene una tesis en dirección opuesta al individualismo exigido por la meritocracia actual. Hablo de la cinta de James Gray *Ad Astra* (2019). En ella Brad Pitt da vida a un astronauta llamado Roy McBride con la misión inicial de enviar un mensaje a una base espacial situada en los anillos de Neptuno. Es la persona más indicada para hacerlo porque en aquella base se encuentra su padre, el pionero espacial y héroe de la humanidad Clifford McBride. El gobierno tiene información confidencial que prueba que Clifford está llevando a cabo experimentos que provocan oleadas electromagnéticas con consecuencias catastróficas en la Tierra. Por ello debe cesar su actividad, así que le dicen a su hijo que grabe un mensaje que le convenza de parar en su objetivo científico —demostrar que hay vida inteligente más allá del sistema solar—, y regresar a su planeta. Pronto Roy se percata de que el mensaje es insuficiente y decide ingeniárselas para llegar hasta los anillos de Neptuno. Pero cuando se reencuentra con su padre, descubre que este no tiene ninguna intención de cesar en su objetivo porque no le importa la vida en su planeta natal. Solo le importa demostrar que existe vida ahí fuera. «Este es un viaje solo de ida, hijo. ¿Hablas de la Tierra? Nunca hubo allí nada para mí. Nunca me importasteis tú ni tu madre ni ninguna de vuestras ideas banales. Durante treinta años he estado respirando este aire, comiendo esta comida, sobrellevando todas estas penurias y ni una sola vez me acordé de mi casa. Sé que esto convertiría en viuda a tu madre y a ti en huérfano. Pero encontré mi destino», le confiesa Clifford a su hijo. «Tengo trabajo que hacer. Tengo que encontrar vida inteligente», concluye como negativa a la propuesta de su hijo de devolverlo a su hogar. El trabajo, siempre el trabajo. La gran misión del hombre hecho a sí mismo: probar que tiene razón y que todo el dolor que ha sufrido y generado en los demás tiene un sentido. Finalmente Roy se lleva a la fuerza a su padre, y este va tomando consciencia de sus actos, de las consecuencias de la obsesión con su ocupación. Si regresa a la tierra su misión habrá fracasado. Nada habrá valido la pena si tras treinta años de esforzada labor seguimos estando solos en el universo conocido. «Papá, no has fracasado. Ahora sabemos que somos todo lo que tenemos», le contestará su hijo, haciendo uso del pronombre peligroso del que hablaba Sennett: nosotros. Somos. Tenemos.

«En los primeros tiempos del capitalismo la confianza en las relaciones comerciales era el producto del reconocimiento de dependencia mutua», recordaba este sociólogo, que defendía que todo vínculo social surge básicamente de una sensación de dependencia mutua, minada por el relato individualista y productivista de una meritocracia contemporánea que trata «la dependencia como una condición vergonzosa». El hombre hecho a sí mismo no depende de nadie. Debe sufrir para conseguir sus objetivos, y sacrificar cualquier relación con los demás que se interponga en su camino. Porque lo que puede surgir de toda relación es la interdependencia, una amenaza a la autosuficiencia. «El tono ácido de las discusiones actuales sobre necesidades de bienestar social, derechos sociales y redes de seguridad está impregnado de insinuaciones de parasitismo, por un lado, y se topa con la rabia de los humillados, por el otro. [...] Restituir la fe en los demás es un acto reflexivo; requiere menos miedo a la vulnerabilidad propia». En su estudio de cómo los cambios en la esfera laboral del mundo actual tienen consecuencias personales, psicológicas, que han esculpido nuevos caracteres y formas de vivir la vida, Sennett certifica que la meritocracia y sus dimensiones han erosionado las relaciones humanas hasta el punto de que necesitarse unos a otros es un concepto menospreciado. Por eso saco tres conclusiones de este recorrido por la cara oculta del *self-made man* y sus valores. Uno: vincular lo que vale un individuo por lo mucho que lucha por sus sueños produce alienación. Dos: el relato meritocrático necesita enaltecer el sufrimiento individual hasta el punto de venderlo como algo deseable, necesario para conseguir lo que uno se proponga. Y tres: debilitar los vínculos, referenciados prácticamente como piedras en el camino, obstáculos del éxito de cualquier empresa, refuerza y sobreestima una idea de autarquía individual que nos deja desnudos ante cualquier eventualidad —y la vida está llena de ellas—.

Los relatos de autosuficiencia, superación y persecución de grandes sueños minan la necesidad de los demás, erosionan el pronombre peligroso. La interdependencia, la necesidad mutua, el reconocimiento de quienes nos rodean como parte indispensable de quienes somos. Y, sin embargo, el afecto es todo lo que queda demostrado que tenemos. Es nuestro único, último e inalienable patrimonio. Depender del otro, necesitarse, ayudarse, cooperar y cuidar son verbos que el viril sueño americano evita conjugar. Pero somos todo lo que tenemos.

MÁS ALLÁ DE LA FICCIÓN:
QUIÉN TIENE LA LLAVE DEL ASCENSOR SOCIAL

«El dinero no tiene nada que ver con el trabajo. Quien quiera ser rico, que haga lo que han hecho siempre los ricos: heredar o robar»

El informe Penkse
Jaime Rubio Hancock

«Hijos, os habéis esforzado. ¿Y para qué? Para hacer el ridículo. La moraleja es: no os esforcéis»

Homer Simpson en el episodio
«El heredero de Burns» de *Los Simpson*

La ficción no es inocua, pero tampoco la absorbemos como una esponja sin distinguir qué es real y qué no lo es. No somos amebas. No funciona así. Insisto en que la ficción suele ser un síntoma de algo que está ocurriendo en la realidad. No cae del cielo, la hacen personas con dudas, miedos, anhelos y esperanzas. Con dolores de espalda, jaquecas, explotadas. Artistas que exorcizan a través de sus obras aquello que les duele, que brega en su interior, que les «punza y arrastra» como diría Remedios Zafra. Y lo que está ocurriendo aquí, en nuestro mundo, fuera de Disneyland y de las salas de cine, es que somos adictos a la posibilidad del cambio a mejor. Nos encanta.

Crecemos leyendo, escuchando y viendo historias de superación, de personas que persiguen sus sueños a pesar de su pobreza o sus limitaciones. Gente cuyas historias trascienden porque consiguieron sus metas y triunfaron contra todo pronóstico. Eso nos inspira y nos consuela individualmente mientras que, sospecho, también nos anestesia colectivamente. Nos ayuda a seguir trabajando duro, soportando precariedad y alquileres imposibles, porque si los héroes de nuestras pelis favoritas pudieron triunfar, yo puedo llegar a final de mes. Si ellos confiaron y creyeron en su sueño, en el ascensor social, en el progreso económico, yo también puedo hacerlo. En realidad las historias de estos personajes, basadas en hechos reales o no, son excepciones que hacen que nos olvidemos de la regla: la meritocracia es un invento con el que las clases altas justifican sus privilegios. Nos queda entonces la duda de quién nos cuenta estas historias, a qué clase social pertenecen todos estos cineastas. Y nos empieza a dar en la nariz que todas estas ficciones no son más que la operación de *marketing* montada por Apollo Creed, a mayor gloria de su imagen. Una operación hoy condenada al fracaso, pues la fe en la capacidad de ascender a través del esfuerzo cada día tiene peor encaje con la realidad.

En el momento de escribir estas líneas, ocho de las diez personas más ricas del planeta son estadounidenses, el lugar donde más y mejor ficción edulcorante sobre meritocracia se ha hecho. Ninguno empezó de cero. En la introducción de este libro mencionaba a Mark Zuckerberg, lo llamaba «el multimillonario más joven del mundo», y no mentía, lo fue durante dos años. En 2013 lo superó un excompañero, también fundador de Facebook, llamado Dustin Moskovitz —que en la película interpretaba Joseph Mazzello, quien fuera el memorable niño pelirrojo de *Parque jurásico* (1993)—. Pero da igual porque poco más de una década después, lo de ambos ya no es un hito. Según la célebre lista Forbes de las cien personas más ricas del mundo, en 2024, las veinticinco personas más jóvenes de la lista tienen treinta y tres años o menos. Y todos los menores de treinta, absolutamente todos, heredaron su fortuna. Nada de hechos a sí mismos, nada de sueño americano, esfuerzo y ascenso: hablamos de una transferencia de riqueza que los apuntala en la clase social en la que nacieron.

Al margen del relato cultural, los datos certifican que la movilidad económica en Estados Unidos es menor que en muchas democracias modernas. La mayoría de estudios de movilidad suelen dividir las escalas de renta en cinco tramos. Según uno de los más destacados, realizado por la ONG The Pew Charitable Trusts, solo el 4 % de los nacidos en el quintil inferior terminan en el más alto como adultos. El 30 % de los nacidos en los menores niveles de renta consiguen alcanzar el quintil directamente por encima, que no llegaría tampoco a lo que consideramos clase media —si es que eso existe—, y el 43 % nace y muere en el mismo percentil de renta, el más pobre. Más datos interesantes: en la época en la que se ambientaba *Cinderella Man*, el 90 % de los trabajadores estadounidenses ganaba más que la generación de sus padres. El sueño de ascensión social a través del esfuerzo era posible. En la época en la que se ambienta *Rocky*, sin embargo, el porcentaje ya bajaba: el 60 % de los adultos superaban el nivel de ingresos de sus padres a su edad. Poco a poco el sueño se desdibujaba. En 2016 el economista Raj Chetty publicó en Stanford un amplio estudio que reflejaba estos datos, y que situaba este porcentaje ya solamente en un 41 % de las personas que al cumplir los treinta ingresaban más que sus padres a su misma edad.

Es el habitual meme de «mis padres a los 26 tenían», acompañado de una imagen que nos deja claro que ellos compraron una casa y dos coches, tuvieron un perro y dos hijos. Abajo el texto dice «mientras yo a los 26», y vemos un chaval que come Cheetos Pandilla y juega al *Call of Duty* en la misma habitación en la que le visitó por primera vez el Ratoncito Pérez. Al respecto, el filósofo y periodista Eudald Espluga dice que «ya sea como letanía nostálgica o como descontento revanchista, el "vivimos peor que nuestros padres" no aporta información nueva a la constatación de nuestra miseria, y eso es algo evidente incluso en los memes generacionales, que a través del pesimismo irónico proponen una reducción al absurdo de este afán comparativo».[19] Y añade: «La mirada generacional desmoviliza. Si soy el recipiente vacío de un destino histórico, es más fácil que vea mi situación como inevitable. Si la pregunta es a quién le fue mejor, si a nuestros padres o a nosotros, es natural que nos sepamos derrotados. Si medimos nuestro bienestar basándonos en lo que se consideraba una vida buena hace treinta años, es más que posible que nuestras conclusiones no puedan dejar de ser reaccionarias».

En nuestro país la situación no es para tirar cohetes, aunque existen datos que nos alejan de los estadounidenses. En la Encuesta de Condiciones de Vida (ECV) del INE publicada en febrero de 2024 se constataba que el 24,6 % de las personas que nacieron en el quintil más bajo de renta, se quedaron ahí. O lo que es lo mismo, heredaron la pobreza. Por otra parte, la probabilidad de alcanzar el quintil superior viniendo del inferior es de un 15 % para hombres y un 10 % en mujeres. Datos que si bien siguen constatando la desigualdad de género, se sitúan en la media internacional por encima de países como Francia, Italia o Canadá, y por debajo de Suiza, Países Bajos o Suecia.

Aunque el quintil de ingresos más alto tampoco es que se mueva mucho, ni cambie sus apellidos compuestos. En su artículo *Movilidad intergeneracional y meritocracia en España,*[20] el director del Laboratorio de Oportunidades —un centro de investigación sobre movilidad social y desigualdad en España— Javier Soria escribe: «Comparando la probabilidad relativa de los hijos de llegar al top 1 % de los ingresos en función de distintos grupos, obtenemos una medida de la facilidad de llegar a la élite económica. En particular, si comparamos la ventaja extra de los hijos del top 1 % con la desventaja de los hijos del 10 % más bajo, obtenemos que es 24 veces más fácil acabar en el top 1 % viniendo del percentil más alto en comparación a proceder del decil más bajo», o dicho en román paladino:

si naces rico tienes muchísimas más posibilidades de morir rico.

En esto influyen muchos factores entre los que cabe destacar la educación. Según un estudio realizado por la Universidad Pompeu Fabra y el Max Planck Institute of Demographic Research en 2020, en España la probabilidad de acceder a una posición social alta entre los hijos de padres con estudios superiores es del 47,5 %, mientras que aquellas personas de características similares cuyos padres no tienen estudios superiores es del 17,5 %. Por eso, ir a la universidad en España, al menos hasta ahora, sí era una forma legítima de acceder al ascensor social y con ello fomentar la meritocracia: si estudias mucho tendrás un buen puesto de trabajo, nos decían. Entre los padres sin estudios, como los míos, se estableció entonces un pacto intergeneracional: el esfuerzo y sacrificio que hacían los padres de clase obrera para poder pagar una matrícula en la universidad, y una habitación arrendada si venías de poblaciones pequeñas, tenía que ser devuelto con el esfuerzo y sacrificio del estudiante en forma de buenas notas que, de alguna forma, apaciguaban la natural preocupación que siente cualquier progenitor por el futuro de su descendencia. Pero hecha la ley, hecha la trampa, y poca gente más tramposa que la gente con mucho dinero.

Aquí puede resultar ilustrativo hablar del escándalo de The Key [La llave], acontecido no hace tanto, en 2019, y sin embargo revelador de una de las trampas más viejas de la meritocracia: aquella que sostiene que el mérito es algo que hay que ganarse, que no se puede pagar por él. Pues bien, el nombre clave en todo esto es William Rick Singer, un sombrío asesor dueño de las empresas Key Worldwide Foundation y The Edge College & Career Network, también conocida como «The Key». ¿Su actividad? Cobrar sumas astronómicas por conseguir la admisión de niños pijos en universidades de élite internacionalmente respetadas como Yale, Stanford o Georgetown. Singer se dedicaba a engatusar a padres y madres que pagaban millones de dólares por asegurar el ingreso en selectos centros de educación superior de sus hijos que, claro está, no tenían un expediente académico a la altura ni notas admisibles. La excelencia académica, solo alcanzada a través del estudio y la disciplina, era de hecho el pilar fundamental del prestigio de dichas universidades: solo entraban los mejores. Al menos en teoría. En la práctica, claro está, había excepciones según el tamaño del bolsillo, y si sabías a quién seducir. Singer ofrecía sus servicios y luego untaba a supervisores de las pruebas de acceso a la universidad o sobornaba a entrenadores para que solicitasen el nombre que les susurraba al oído como becado en sus disciplinas deportivas. Solo entre 2011 y 2018 llegó a facturar 25 millones de dólares e implicar en su red de corrupción a treinta y tres familias que aflojaron la mosca para suplir con dinero la falta de esfuerzo y talento de sus hijos. Y estas fueron las familias que testificaron, porque, durante la investigación del caso, Singer llegó a admitir al FBI que había «facilitado de forma poco ética» la admisión en diferentes universidades de prestigio a los vástagos de más de 750 familias adineradas. «Por razones que a la gente le costaba concretar», escribía Sandel sobre el caso, «aquel fue un escándalo emblemático, un *affaire* que evocaba cuestiones más amplias referidas a quién tiene derecho a progresar y por qué».

Volviendo a nuestro país, es un hecho que los estudiantes de institutos privados y concertados tienen notas más altas en fases inmediatamente previas a la educación superior, precisamente porque eso les facilita que puedan entrar en la universidad. Pero hasta hace poco no teníamos datos tan concluyentes como los que arrojaba el estudio[21] que hizo el desaparecido Observatorio del Sistema Universitario en 2023. Según sus datos cruzados, en los centros públicos se dan porcentajes mayores de notas de bachillerato más bajas —59,7 % de notas inferiores al 8, frente al 52,6 % de los centros privados concertados y 49,5 % de los privados sin concierto—. En cambio, los centros privados presentan proporciones «significativamente mayores» de notas de bachillerato altas —27,4 % de notas entre 9 y 10 en los centros privados sin concierto y 23,9 % en los concertados, frente solo al 17,9 % de los centros públicos—. Ante lo cual concluían contundentes que esto «indudablemente» tenía un efecto «sobre la posibilidad de acceso a las carreras más demandadas».

Unos datos que lejos de despertar la sospecha o la indignación, pasaron más o menos desapercibidos. Como también pasó desapercibido que el mismo año de publicación de este estudio, el Defensor del Pueblo de Navarra alertaba en una resolución enviada al Departamento de Educación de que los centros del Opus Dei inflaban las notas de sus alumnos, lo que comprometía «la efectividad de los principios de igualdad, mérito y capacidad, que rigen el acceso a la universidad». Independientemente de las notas que sacasen en la anteriormente conocida como selectividad, la gente que se había podido permitir estudiar en un concertado llegaba a ella con la ventaja de tener mejor media. Recordemos que la media aritmética del Bachillerato constituye el 60 % de la nota final, mientras que la media de la Fase General de la Selectividad representa el otro 40 % del numerito que decide si un alumno entra o no entra en una universidad pública, que son las que siguen teniendo más prestigio en nuestro país.

Por eso no nos extrañan los datos que refrendan que es mucho más fácil morir rico habiendo nacido rico, porque además de tener dinero, hacen trampas para poder mantenerse en lo alto de la escala social. Así transfieren sus privilegios mientras nos cuentan lo difícil que fue conseguirlos. Ante la circunstancia de enfrentar a sus hijos a una prueba de mérito democrática en igualdad de condiciones con el resto de clases sociales, la gente de bien sabe conseguirle a sus hijos la ventaja suficiente. Y si a pesar de eso, el chaval o chavala no entra en la universidad pública, pues no pasa nada, sus padres le pagarán la matrícula en la privada, que cada vez oferta más títulos en nuestro país. «Nos dijeron que en España había demasiados universitarios y congelaron el progreso de la universidad pública. Nos dijeron que la educación debía ser esfuerzo y sacrificio, mientras han llenado el país de máquinas expendedoras de títulos para gente con dinero», reflexionaba el periodista Juanlu Sánchez en un podcast especialmente dedicado a la proliferación de universidades privadas en España.[22] La última universidad pública que se inauguró en nuestro país, la Universidad Politécnica de Cartagena, abrió sus puertas en 1998. Desde entonces no se ha creado ni una sola universidad pública nueva pero sí han nacido veintisiete universidades privadas, y otras tantas están en camino. Los periodistas Elisa Silió y Nacho Catalán investigaron en *El País* a quién pertenecían estas universidades que pronto superarán en número a las públicas y, sorpresa, están en manos conservadoras y *self-made men* variopintos. «La titularidad de estas entidades privadas es diversa: hay una quincena larga relacionadas con la Iglesia, tres pertenecen a obispados, otras tres dependen del entorno del Opus Dei, la Asociación Católica de Propagandistas va camino de incorporar la quinta, los jesuitas disponen de cuatro y los Legionarios de Cristo, una. Los centros religiosos se gestionan por medio de fundaciones que no reparten dividendos, sino que están obligados a revertir los beneficios en su universidad. La banca tiene dos y hay dos más semipúblicas —UOC, de la Generalitat de Catalunya, y Vic—. La veintena restante está en manos de empresarios particulares, como el dueño del Deportivo Alavés, o en las de grandes conglomerados empresariales —el Grupo Planeta planea abrir la tercera o el grupo de comunicación Vocento es accionista de una».[23] El debate de quién tiene derecho a progresar y por qué, derivado del escándalo de The Key, es extrapolable en nuestro país en los siguientes términos: tienen derecho a progresar todos, pero no en igualdad de condiciones. Los que más tienen podrán cumplir sus sueños con más facilidad, y los que menos tienen se lo tendrán que currar como en *Los juegos del hambre* (2012). Con el irónico añadido de que serán los segundos quienes soporten las historias de superación, esfuerzo y triunfo de los primeros.

¿Padece usted el Síndrome *La La Land*?

Sintomatología y tratamiento

«I was looking for a job, and then I found a job
And heaven knows I'm miserable now
In my life
Why do I give valuable time
To people who don't care if I live or die?»

Heaven Knows I'm Miserable Now
The Smiths

«La idea de que el pobre deba disponer de tiempo libre
siempre ha sido escandalosa para los ricos»

Elogio de la ociosidad
Bertrand Russell

Un síndrome no es una enfermedad, aunque a menudo se utilicen como sinónimos. Las enfermedades tienen causas biológicas demostrables, conocidas o en proceso de estudio, pero los síndromes son solamente un conjunto de síntomas, de fenómenos que revelan una situación generalmente negativa para nosotros. Utilizando la terminología médica no pretendo patologizar aún más nuestras vidas —me perdonen los profesionales de la salud—, solo acentuar un padecimiento concreto que tal vez sea más colectivo de lo que parece.

Muchas personas que luchamos por cumplir nuestros sueños compartimos un cuadro variable de síntomas. Sennett decía que una idea tiene que soportar el peso de la experiencia concreta o, de lo contrario, se torna pura abstracción, mengua su carácter aplicable a nuestra realidad, su utilidad. Y como ya he abusado de mi persona en capítulos anteriores, prefiero ampliar el foco y hablar de una amistad de hace más de veinte años. Llamémosle Javi. Los padres de Javi tenían una asesoría fiscal y contable en una pequeña ciudad valenciana de poco más de veinte mil habitantes. Eran gente progresista, generosa, cortés y económicamente bien situada, cuyos hijos se educaron en la pública, tanto en etapas de estudio obligatorias como en superiores. En la universidad, Javi se aplicó denodadamente en sus estudios de Derecho, y aunque vivimos juntos un tiempo e incluso compartimos habitación, no tuvimos la misma experiencia universitaria por dos razones. La primera es que yo no me tomaba especialmente en serio los estudios de periodismo en la pública, no por falta de exigencia académica —que también—, sino porque tuve la necesidad de vivir mi prematura emancipación al máximo —salir, beber, el rollo de siempre—. Y mientras yo empalmaba resacas con conciertos, Javi madrugaba para estudiar o se iba a la biblioteca. La segunda: su pareja de entonces estudiaba lo mismo que él, y ambos se motivaban, ayudaban e incluso competían sanamente en las mismas asignaturas. Javi albergaba el sueño de poder crecer como abogado laboralista para no depender del negocio familiar de la asesoría. Construir una carrera en su rama, que le apasionaba y le empujaba a exigirse cada vez más. Tanto es así que a medida que ascendía en el despacho en el que hizo sus prácticas, asumiendo más responsabilidades y más peso en el organigrama, perdía peso él mismo, se le dibujaban ojeras y se resentía su carácter afable. Su esfuerzo, su dedicación plena al puro laburo, tuvo sus frutos: le ofrecieron una jefatura en una filial del despacho en Barcelona, llevando grandes casos para una cadena de supermercados valenciana muy popular. Aunque nunca perdimos del todo el contacto, pasábamos meses sin escribirnos, sabedores de que el otro estaba ocupado en su proyecto profesional. Como una abeja cargando polen tranquila gracias al zumbido que emiten sus compañeras haciendo lo mismo: trabajar. Nos veíamos fugazmente si uno pasaba por la ciudad del otro, y siempre, invariablemente, me decía que estaba muy cansado y que se sentía muy solo. Sus noviazgos pasaban por altibajos, se terminaban y nacían otros nuevos, pero él siempre se sentía cansado y solo. Eso no significa que no forjara relaciones de valor en la ciudad condal, pero otras amistades que para él eran significativas, estaban esparcidas por todo el territorio e incluso allende los mares. Y mientras sentía aquello seguía creciendo en lo profesional: era el cargo de responsabilidad más joven de su empresa, sus jefes le respetaban y confiaban en él, ganaba casos difíciles, comía con gente importante. Se había convertido en un buen patrón, de algún modo. Y me decía: «Bueno, es que si no trabajo así ahora, cuándo lo voy a hacer». Estaba viviendo su sueño, pero ese sueño no le dejaba dormir. No descansaba. Podía echar horas pues siempre había trabajo que hacer, podía asumir más y más carga pues siempre quedaban lastres que nadie quería.

Un día Javi dijo basta. «El 1 de enero del año que viene me vuelvo al pueblo», me dijo en un almuerzo. Yo no cabía en mi asombro: estás en la cúspide, cobrando una pasta gansa, es lo que querías. Qué ha pasado. Por qué ahora. ¿Estás bien? De la noche a la mañana pasaría de comer con la patronal en marisquerías de alto copete a desayunar solo en el piso en el que había crecido. De recorrer el mapa en coche para asistir a grandes juicios a coger el cercanías para acercarse al despacho en el que había hecho las prácticas en Valencia. No hubo *burnout* —conocido también como síndrome de desgaste profesional, una respuesta psicológica que puede producir ansiedad, apatía, trastornos de la conducta, la alimentación y el sueño, e incluso depresión, detectada cuando los ideales profesionales y morales de un trabajador se enfrentan a lo largo del tiempo a la prosaica y triste realidad cotidiana de su vida laboral—. No hubo ninguna gota que colmara el vaso. Ni explosiones de ira, ni ataques de pánico, ni problemas de salud severos. Pero le costaba conjugar el verbo trabajar con el verbo vivir, le dolían las relaciones que se terminaban y las terapias que no funcionaban. Sentía que algo no encajaba. Su éxito profesional no le había traído una vida que le hiciera feliz. Demasiado a menudo se veía escribiendo whatsapps que decían «hace demasiado tiempo que no nos vemos», «te echo de menos». Había dejado de sentir que avanzaba. Y tomó una decisión con la firme convicción de querer prestar más atención a su familia y a sus seres queridos. También conoció a alguien y empezó a construir sus *tempos* y organizar sus voluntades para poder conciliar, sentir, vivir. Dejar de estar tan solo.

Javi sufrió lo que llamo el síndrome *La La Land*. Me refiero a esto como el conjunto de síntomas característicos de un estado de malestar contemporáneo, que describe bien la película del mismo nombre. Una serie de manifestaciones e indicios vinculados entre sí por diferentes narrativas, que conducen a la hipervaloración de los sueños, las expectativas de progreso, y el valor que le otorgamos al trabajo frente al afecto en el cómputo vital, muchas veces anteponiendo lo uno a lo otro en un juego de suma cero. Veamos cómo saber si usted padece del síndrome *La La Land*.

Síntomas

Tener un sueño

Las personas que comparten el marco de autoexplotación y soledad sobre el que reflexiona este libro han sido educadas en un hondo aprecio por los sueños individuales, entendidos como realidades anheladas y deseadas para uno mismo, más allá de pertenencias materiales concretas. Hablamos de proyectos de vida, cuya expectativa de conquista puede variar, pero que necesariamente se vinculan a lo profesional y lo laboral. No siempre, pero a menudo los ascendentes y padres de estas personas no han podido cursar estudios superiores y los han animado a estudiar carreras universitarias, posgrados, másteres y ciclos de formación alentados por dedicarse profesionalmente a lo que les gusta, con la íntima convicción de las democracias occidentales actuales en que los estudios superiores favorecen el acceso al ascensor social —algo que era verdad en su época, aunque hoy sea matizable—. Bien podrían, muchos, ser los entusiastas sobre los que escribe Remedios Zafra. Su más célebre ensayo, brillantemente titulado *El entusiasmo*, empezaba parafraseando a Pessoa con la pericia de dibujar en pocos trazos la imagen completa de su sujeto de investigación. «Puede que solo dos estados de ánimo constante hagan que la vida valga la pena de ser vivida. Yo diría el noble goce de una pasión creadora o el desamparo de perderla. Me refiero a esa pasión que punza y arrastra y que nos motiva a anteponer el deseo frente al inmovilismo, el hacer frente al tener», escribía Zafra. Albergar esa pasión que punza y arrastra es un primer síntoma del síndrome.

Confundir realización y ocupación

La mera existencia de un sueño por cumplir suele generar por su naturaleza indómita perturbaciones inesperadas a nivel personal, de lo contrario se convierte en anhelo apático. Una de las acepciones de la palabra «pasión» en la RAE es la de «afecto desordenado del ánimo» ,y diría que a menudo eso es lo que nos ocurre, que la pasión nos desordena. Dedicarnos a «lo que nos gusta» nos hace confundir términos: como lo disfrutamos pensamos que lo haríamos gratis, y si encima nos pagan nos sentimos afortunados en tal grado que decidimos que eso es lo que nos define, lo que nos convierte en personas válidas en nuestro entorno e incluso da un sentido a nuestra existencia. En esta confusión, no obstante, subyace una gran verdad: lo que nos realiza no es el trabajo en sí, es el goce que nos proporciona. El marxismo clásico contribuyó a afianzar este espejismo cuando lo utilizó como argumento para criticar la alienación capitalista, pues no era otro que Marx quien defendía que el trabajo era una forma de realización personal que el capitalismo, desgraciadamente, había convertido en algo deshumanizante. Pero lo que te realiza no es el trabajo, sino el trabajo que te hace feliz. Es decir, deberíamos entender el trabajo como un medio necesario para ganarse el sustento, y nada más. La satisfacción, la sensación de plenitud y, en definitiva, el placer —tan sospechoso de contener el mal en las sociedades judeocristianas— es lo que a uno le realiza. Pero quien sufre el síndrome *La La Land* lo confunde con la ocupación que en algún momento le llenó de entusiasmo, y hoy a duras penas le provoca algo más que insomnio, estrés y parvos beneficios. Con toda la ironía y procacidad que le definía, el humorista Pepe Rubianes decía en uno de sus monólogos: «El trabajo dignifica al hombre, el trabajo te honra, el trabajo te realiza. El trabajo te pule, te abrillanta, te da esplendor. ¡El trabajo es la hostia! ¡Hasta te pone cachondo! Hay que ver lo cachonda que va la gente a trabajar a las seis de la mañana, ¿eh? ¡Todo el mundo cantando y bailando por la calle!». Si explico el chiste, pierde la gracia.

Creencia desmesurada en las virtudes del esfuerzo

Como resultado de la influencia del dogma meritocrático, uno de los síntomas más evidentes de las personas que sufren el síndrome *La La Land* es su fe en un esfuerzo que será recompensado. No se trata aquí de negar la importancia del esfuerzo en la consecución de metas personales, profesionales, académicas, artísticas o de cualquier índole, dado que tiendo a considerar la constancia y la práctica como valores a la hora de esculpir eso que llamamos talento, mucho más relevantes que supuestos dones mágicos e innatos. Pero el esfuerzo *per se* no tiene por qué llevar a nada, es solo una palabra con la que definimos una voluntad insistente. Si la cargas de la consideración de que conduce a algo, que además tiene que ver con tu propio progreso, esta voluntad genera excrecencias naturales a veces contraproducentes: expectativas, grandes esperanzas. Los y las aquejados por el síndrome *La La Land* creen que por esforzarse más que nadie en la oficina, el jefe se fijará en ellos. Que el insomnio dedicado al don, el sudor y las lágrimas consagrados a la pasión, los llevará a poder tocar determinada partitura, escribir el libro que gane el concurso, llamar la atención del codiciado

—y codicioso— galerista en la feria, destacar de alguna forma u otra. Echan horas de más en sus respectivos trabajos, conscientes de que no serán remuneradas, con la secreta ilusión de que conduzcan a otras prebendas, ¿un cargo de confianza tal vez? ¿Un ascenso por dedicación? El esfuerzo para estas personas debe conducir necesariamente al éxito, porque de hecho suelen dejarse la piel por sus objetivos, así que les otorgan una significación exagerada. No caben en su concepción del ascenso factores como la clase social, el capital educativo o cultural, la raza o el género. Ni siquiera piensan en algo tan baladí, propiciador de innumerables ascensos y descensos sociales, como la afinidad, pues consideran que todo es imputable al individuo, que uno llega tan lejos como se lo propone. Y mira que la historia está llena de destinos que han cambiado por caerle bien a la persona adecuada. Y por caerle mal.

Idolatría fácil

Un síntoma poco común pero que también se puede advertir en determinados sujetos es la veneración por una figura considerada, por ellos mismos, superior. Alguien que ha conquistado la cumbre: la cuestión siempre implica verticalidad, ascenso. Puede ser un mentor, un jefe, alguien que destaque en un oficio, que merezca el reconocimiento de los demás porque tiene el poder, el dinero, la visibilidad, el legado artístico o la influencia política o moral que estos individuos sueñan para sí mismos. La idolatría hacia determinados tótems refuerza su autoestima, también les ayuda a dilucidar el camino óptimo para conseguir sus objetivos, comparándose constantemente con los demás y midiendo su éxito a palmos. Creen que heredarán la empresa con gestos. Sobrestiman las oportunidades, las desean y las anteponen a todo y todos: la buena valoración del jefe de área, el concierto de telonero de un grupo famoso, el *repost* de alguien con muchos seguidores, la cita en el texto de un maestro idolatrado, el guiño que confirme que lo están haciendo bien. Y cierran así el círculo natural del relato meritocrático, que no es otra cosa que el fenómeno psicológico de la profecía autocumplida: ellos llegaron donde están a base de esfuerzo, luchando por su sueño, realizándose personalmente a través de él, así que solo tienen que hacer lo que ellos hicieron. Como si el éxito se pudiera contagiar por mímesis.

Anteponer los sueños a todo y todos

Como consecuencia de los síntomas anteriores, el sujeto puede llegar a anteponer la consecución de sus sueños al resto de parcelas que conforman su realidad, perdiendo incluso contacto con ella. A menudo lo primero que quedará en segundo plano serán los afectos, las amistades, el compañerismo, el cariño o el amor. Si quedar con los amigos te resta tiempo a la actividad en la que te esfuerzas por progresar, no se queda. Si conversar con tu pareja te impide hacer tus ejercicios vocales, estudiar leyes, entrenar en ese o aquel deporte, no es momento para el amor. Si escuchar las demandas o quejas de un compañero de trabajo en la pausa del café hace que te replantees mínimamente tus prácticas en la empresa, evitas ese café o a ese compañero. Priorizar la individualidad permite más margen de acción porque las necesidades ajenas se ignoran. En casos extremos, el afectado incluso puede llegar a ignorar las suyas propias: a veces la obsesión con la consecución de determinado objetivo deriva en problemas de salud por falta de atención al propio cuerpo, dejadez de autofunciones. Te olvidas de comer, pierdes peso, se te cae el pelo, duermes poco y trabajas mucho... Paulatina o repentinamente, el síndrome *La La Land* siempre afecta a la red afectiva del sujeto que lo padece. Siempre. La debilita y a veces la rompe con la facilidad y el sigilo con la que se rompe una telaraña, pues este síndrome acentúa la soledad de quien lo padece en su afán por llegar a una meta autoimpuesta, la necesidad de cumplir un sueño.

Tratamiento

Una dosis para domesticar la esperanza

Los sueños son criaturas muy difíciles de domar. Son salvajes, voraces, caprichosos. Crecen con fuerza si se los ignora, constantemente escondidos en el rabillo del ojo, en el molesto zumbido del silencio nocturno. Si los arrancamos de nuestra realidad, si los desterramos de nuestras perspectivas laborales, vitales o íntimas, no se marchitan ni perecen, más bien al contrario: producen desazón anímica, la sensación de que algo no encaja. Si los cuidamos y los hacemos crecer, reclaman cada vez más atención, mayor dedicación. Y encima nunca dejan de ser dependientes: al contrario que la progenie, su destino no es emanciparse ni abandonar el nido. El nido eres tú.

Mientras escribo estas líneas, mi gata Malaquita se posa perezosa sobre mi regazo. No maúlla porque sabe que ya ha comido, ni se queja de que no le preste atención y mire absorto la pantalla del portátil. Reclama caricias con su mera presencia. Y pienso, de pronto, que lo ideal debiera ser siempre que la voluntad insistente —pasión que punza y arrastra— no domine por completo nuestra vida, que es mucho más amplia y llena de diversidad que aquello que nos obsesiona. Por mucho que sea difícil medir las distancias entre nuestras aspiraciones y nuestras posibilidades, domar los sueños es imprescindible para vivir bien. Y si no tenemos las fuerzas suficientes: pedir ayuda, dejarse acompañar, charlar con un amigo, abrirse a otras perspectivas, otros futuros posibles, obsesiones ajenas, otras formas de ver y vivir. Acompañado, uno puede llegar a domesticar las esperanzas que generan los relatos meritocráticos del éxito y el progreso. Para que los sueños le hagan compañía. Para ganarnos ese ronroneo agradable, presencia cálida, profundamente tranquilizadora, de un gato en el regazo.

Mezcla con una pizca de no hacer nada gratis

Es un simple gesto: no derroches tu conocimiento o *savoir faire* a cambio de nada. El camino de la consecución de sueños —ambiciosos o humildes—, está minado con un arsenal de subterfugios aceptados socialmente, que en el fondo son excusas para precarizar y no profesionalizar ni remunerar la ambición honesta. Son habituales los pagos en visibilidad, los favores por agradar, las horas extra por contentar a cargos superiores. Esa energía, ese entusiasmo, muchas veces se pierde como lágrimas en la lluvia. Y los pobres no vivimos del aire, pero tenemos derecho a soñar. Ya ha quedado claro que aquello de que el trabajo realiza al ser humano es un cuento chino: lo que te realiza es lo que te hace feliz. Por consiguiente, el trabajo debiera ser considerado como la única forma que tenemos los pobres de vivir dignamente —aunque en muchos casos ni siquiera dé para eso—. Si tienes la fortuna de vivir de algo que te haga feliz, demanda siempre unas condiciones dignas. No por ti, por el sector al que perteneces. Y si quieres llegar a ese punto, si ese es tu sueño —vivir de algo que te haga feliz—, también. Aunque la pasión o el espejismo de ascenso te empuje a hacerlo gratis: que te paguen. Voy a utilizar dos escenas para ejemplificar mi argumento.

En la serie *Jujutsu Kaisen* (2020), el joven protagonista debe aprender cómo se combaten las llamadas «maldiciones» —espíritus poderosos que se alimentan del dolor y la maldad humanos—, para convertirse en un «hechicero», una orden cuya misión es proteger a la humanidad. Ese es su sueño, así que en el proceso debe hacer unas prácticas acompañando a alguien ducho en aquello de acabar con espíritus. Ocurre que esperando a un temible maestro, se aparece ante él un hombre muy normal: recto, vestido con traje, gafas de sol, maletín y pinta de funcionario. Ese hombre es Kento Nanami, un hechicero que odia hacer horas extras, solo quiere un sueldo a final de mes y le da pereza tener que tutorizar al protagonista. Intrigado por cómo un señor tan elegante ha terminado en un oficio tan peligroso, el joven protagonista le pregunta cómo pasó de ser oficinista a combatir el mal. Por toda contestación, Nanami le dice: «Al estudiar la Preparatoria de Hechicería descubrí que los hechiceros son un asco. Y tras trabajar en cierta compañía me di cuenta de que trabajar es un asco. Siendo igual de asquerosos, elegí lo que se me daba mejor». Otra escena: al Joker que interpretó Heath Ledger en *El caballero oscuro* (2008) se le da bien generar el caos. Tiene la habilidad de cabrear a todo el mundo y desaparecer después de un golpe maestro. Es imprevisible e invisible. Por eso se puede presentar por sorpresa en una reunión secreta de capos de la mafia de Gotham, y hablarles de tú a tú. Esos capos cada día tienen más problemas para cometer sus delitos, hay un justiciero que los persigue, los combate y los enchirona. Un sujeto que se disfraza de murciélago, habla con voz grave y está bien mazado, ya sabes. «Sé por qué decidís tener vuestras pequeñas terapias de grupo a plena luz del día. Sé por qué os da miedo salir de noche: por Batman». Así que les trae una propuesta «muy simple»: cargarse al héroe enmascarado. «¿Si es tan simple, porque no lo has hecho ya?», contesta desconfiada la mafia. «Si se te da bien algo, nunca lo hagas gratis», les dice antes de poner un precio astronómico por su «trabajo» y desaparecer.

Y añade una pizca de psicólogo y sindicato

Para conseguir el título de Periodismo en la Universitat de València, el cuarto año de grado debías presentar un TFG, un trabajo que en otras carreras era de libre elección pero en mi facultad no. Si quedaban plazas podías elegir el medio —escrito, vídeo, radio, etc.—, y si no, ni eso. A mí me tocó escribir en profundidad sobre «La desaparición del sistema representativo valenciano: los agentes sociales en el punto de mira», un tema que me llevó a entrevistarme con los líderes —todos hombres— de grandes y pequeños sindicatos, así como con la patronal —curiosamente el presidente de sigue siendo el mismo—. Mi trabajo constató la pérdida de poder de negociación de los sindicatos derivada del constante descenso en la afiliación sindical, especialmente entre los más jóvenes. En las últimas dos décadas es una tendencia en toda Europa: los agentes sociales han visto cómo sus afiliados envejecían y se jubilaban, mientras sus ingresos menguaban por no captar nuevos afiliados que pagasen cuotas. Al mismo tiempo, los más jóvenes y precarizados han visto cómo en sus primeros trabajos los derechos laborales a menudo eran vistos como una rémora del siglo pasado, condenado a la extinción, mientras que cuando querían plantar cara a irregularidades y abusos de todo tipo, no tenían a nadie a quien acudir. Conclusiones que resonaban en mí cada vez que en manifestaciones y redes sociales veía, repetido como un mantra moderno, la frase: «Lo que necesitas no es un psicólogo, es un sindicato».

Consciente de que la precariedad laboral y los problemas de salud mental estaban haciendo mella en mi generación, que de alguna forma eran asuntos que iban de la mano, este mantra siempre me produjo un cortocircuito. Era algo que no llegaba a comprender hasta que leí un artículo del médico Javier Padilla y la psiquiatra Marta Carmona en *El Salto*,[24] que luego extenderían más y mejor en el excelente ensayo *Malestamos*.[25] Ambos textos ponían en solfa que gran parte de los discursos de la medicina y la psicología contemporáneas se utilizan como instrumentos de atomización de las respuestas colectivas, a través de la responsabilización individual de problemas que tienen una vinculación evidente con lo económico, social y político. El mantra me reventaba las neuronas porque presentaba «dos cosmovisiones incompatibles pero ampliamente extendidas: por una parte, el salmo neoliberal del individuo como único sujeto existente, dueño de su destino y responsable único de lo que le acontezca, que permea hondo hasta en quien reniega de ese marco; por otra, la necesidad imperiosa de frenar la maquinaria destructiva del capitalismo tardío, aún algo trabada por mecanismos maltrechos hijos de otro tiempo como los sindicatos». Dos visiones de la realidad que existen, pero no por ello «son equivalentes o intercambiables». Lo hemos visto en estas páginas: si tienes éxito es que te has hecho a ti mismo, si estás mal es porque has cavado tu propia tumba. Todo es culpa tuya. Nada tiene que ver que te paguen una miseria mientras suben los alquileres, que se normalicen las horas extra mientras ves que no tienes tiempo libre y das gracias por poder caer K. O. en la cama seis horas diarias. Carmona y Padilla proponen un lema mejor para gestionar una respuesta al falso dilema: «Creemos que "necesito terapia Y un sindicato" confronta las reglas del juego al negarle al discurso hegemónico el arrinconamiento al que nos somete, pero ni la terapia ni el sindicato son los conceptos más relevantes de esa confrontación, sino esa

Y mayúscula que neutraliza el falso dilema impuesto y la premisa de que existe una solución concreta para un orden social imperfecto pero mejorable —esto es, legítimo—, poniendo un foco mucho más honesto: que el propio orden social es el problema».

Hacia un buen vivir

«Como mi padre siempre solía decir:
tener sueños es lo único que hace la vida tolerable»

Pete en *Rudy, reto a la gloria*

«Si alguna cosa volem la meva gent i jo
no és servir d'exemple, no és tenir raó.
Si alguna cosa anhelem és la vibració,
l'esclat de bogeria en els ulls de l'inventor»

Els entusiasmats
Manel

La ficción es tranquilizadora porque es ordenada. Todo lo que sucede en ella está contenido, encerrado en su propia forma, ya fuere en las páginas de un libro, el tamaño de un lienzo, la duración de un metraje. Siempre existe la providencia porque el destino lo marca un auténtico demiurgo: el todopoderoso que escribe, pinta, filma. Quien decide el destino de la trama, el último brochazo, el montaje del siguiente plano, se siente invencible porque crea. La realidad, por el contrario, es perturbadora porque es caótica. Lejos de estar contenida, está en constante expansión como nuestro universo. Y tampoco está sometida a ningún destino, es imprevisible y eso mismo la hace tan bella y terrible. Nos sentimos vulnerables porque vivimos.

Ahora que mis padres están jubilados soy capaz de ver con mayor claridad cómo han concebido su vida de una forma narrativa. El papel que juega el trabajo en dicha narración es el siguiente: ordena las vivencias. Ambos tuvieron varios trabajos que no solo estaban radicados siempre en el mismo lugar —lo que les permitió echar raíces y generar roles sociales comunitarios—, sino que también les duraron décadas —estabilidad, esa quimera actual—. Con estos trabajos acumularon experiencia vital y profesional en sus distintos ámbitos, que se pagaba con sueldos que les permitieron ahorrar para presentar en sociedad su propio arco dramático, en forma de moderado progreso económico que les dio una casa, dos coches y pagó las carreras de dos hijos. Además de eso, acumularon tiempo a través de lo que Weber llamaba «jaula de hierro», un sistema burocrático que lo racionaliza. En su caso hablamos de cotizaciones de la población activa a la seguridad social que les permitieron jubilarse y cobrar una pensión. O dicho de otro modo: liberarse por fin del yugo del trabajo.

Desde que no trabajan es curioso como tampoco tienen una concepción rígidamente ordenada de la vida, viven mucho más libres, casi emancipados del reloj y la actualidad, improvisan más y abrazan los cambios de última hora —que siempre les habían producido malestar— como sucesos completamente naturales. Mi padre, ahora agricultor, vive acompasado al *tempo* de la tierra. Mi madre estructura el tiempo a través de lo que le apetece, el café con su amiga, el paseo, la lectura e incluso la escritura y la formación. Pueden dedicarse plenamente a sus pasiones porque hasta entonces aquello que hacen ahora estaba relegado a la afición, al tiempo del ocio. A mis padres se les ve más jóvenes, más guapos y sobre todo más felices. Donde no hay un enfrentamiento vida-trabajo, solo hay vida. Y el haber dejado el trabajo atrás, les permite presentar los años como el cúmulo de una obra, de una creación. Se sienten demiurgos. Sennett, hablando del portero de su edificio durante más de treinta años, escribía que cuando dejó el oficio «diseñó para sí mismo un relato perfectamente claro en el que la experiencia se acumulaba desde el punto de vista material y psíquico. [...] Sentía que se convertía en el autor de su vida, y, aunque ocupaba los últimos peldaños de la escala social, ese relato le proporcionaba una sensación de respeto por su propia persona».

Querer vivir los tiempos de mis padres o del portero de Sennett es contraproducente porque esconde y minimiza las miserias que ellos mismos vivieron, denuesta la lucha por la conquista de derechos en todos los ámbitos de nuestra sociedad diversa, y apela a una nostalgia de algo que no he vivido. La nostalgia siempre es conservadora. Tampoco valen las comparativas económicas porque sabernos derrotados no nos moviliza. Hace poco tuve un encuentro que me hizo reflexionar sobre este asunto. En el Cabanyal de Valencia, el barrio en el que vivo ahora —no digo «mi barrio» porque no sé cuándo subirá el precio del alquiler lo suficiente como para expulsarme de esta zona y dejar de sentirla mía, así que evitando el posesivo también evito, tristemente, el apego—, aún quedan unos pocos negocios «de toda la vida» que se resisten a desaparecer. La mercería de Paloma Bonachea donde mi pareja hace un curso de costura sería un ejemplo. La tienda de Arte Josmar sería otro. Allí fui a recoger una reproducción de un cuadro de Richard Estes que adoro —hasta tengo una versión tatuada—, que había mandado enmarcar para colgar en el estudio, y observarlo mientras escribía el libro que tenéis en las manos. Feliz con cómo quedó el encargo, le dije a la señora de detrás del mostrador que me encantaba lo que había hecho. Y ella contestó: «Más feliz estoy yo, que con lo que me queda aquí, estas alegrías me dan la vida». Le pregunté a qué se refería y me contó que el local iba a cerrar pronto por jubilación. La señora había empezado a trabajar allí cuando «estaba de novios». Llevaba 45 años de trabajo ininterrumpido en aquel local, propiedad originalmente de quien sería suegro, ahora suyo, y de su marido. La mujer, un tanto alicaída, me decía: «No sé qué haré cuando me jubile. Tanto tiempo... ¿qué hago con tanto tiempo libre?». Tanto mi pareja como yo la intentamos convencer de que seguro que encontraba actividades para llenar su tiempo, que el tiempo libre es algo maravilloso. Y por los derroteros que tomó la conversación, se despidió diciendo: «Por lo menos me he dedicado a algo que me gusta, eso es una suerte».

Eso siempre es una suerte, aunque potencialmente pueda ser una trampa que nos lleve a la autoexplotación. Ahora me atrevo a decir que aquella mujer no sabía qué hacer cuando estuviese jubilada precisamente porque se había dedicado a algo que le gustaba. Esa confusión, la profesionalización de la pasión, le dificultaba la narrativa. Eso, al contrario de lo que habían experimentado mis padres, le generaba inquietud. Una sensación que puede ser despejada en cuanto nos percatamos de que profesionalizar conocimientos que a menudo son percibidos como no-productivos —inútiles para el capitalismo— nos permite seguir haciéndolos cuando los desvinculamos de la profesión. Fuera de la jaula de hierro, nadie le impide al hámster seguir comiendo pipas. Es más, «en los pliegues de las actividades consideradas superfluas podemos percibir los estímulos para pensar un mundo mejor», escribía el escritor Nuccio Ordine, «sobre todo en los momentos de crisis económica, cuando las tentaciones del utilitarismo y del más siniestro egoísmo parecen ser la única estrella y la única ancla de salvación, es necesario entender que las actividades que no sirven para nada podrían ayudarnos a escapar de la prisión, a salvarnos de la asfixia».[26]

Al principio de este ensayo hablaba de un debate que enfrentaba la vida y el trabajo, planteando la cuestión de si valía la pena sacrificar el afecto personal por triunfar en lo profesional. A lo largo del libro he explicado de dónde viene la concepción de que el trabajo realiza, qué hace que siga vivo el sueño americano, quién suele protagonizar y beneficiarse de dicho sueño y cómo todo esto tiene un reflejo especular en nuestra vida a través de la presencia constante del relato cultural de la meritocracia. Pero antes que cultural y meritocrático, el asunto se revela sobre todo relato. La respuesta a la pregunta del inicio es, pues, rotundamente negativa: no vale la pena sacrificar los afectos, mucho menos por un ascenso lleno de laboriosidad y padecimiento. No vale la pena dejar de amar por el espejismo de un triunfo que no llega, y si llega no será porque dejaste de amar. Hoy en día te lo dice cualquier *reel* de Instagram: «Vida solo hay una, tareas un chingo». El trabajo no realiza y el ascensor social no se activa con esfuerzo: eso es lo que te han contado los que están en el ático con vistas al que quieres acceder. Si el trabajo debilita la red afectiva, cuando nos demos cuenta de la trampa de la meritocracia ya será demasiado tarde. Y la soledad es muy jodida de combatir y no conquista ningún derecho.

La idea de que la agencia humana es capaz de construir y destruir su propia suerte es muy poderosa, pero muy individualista. No digo tampoco que nos echemos desesperados a los brazos de cualquier fe que nos hable de destinos, mercurios retrógrados o seres superiores que controlan nuestro devenir, que si a ti te funciona bien por ti, pero a mí no. A mí me funciona para verme como una parte de algo más grande, detectar las tensiones e injusticias de nuestro tiempo, defender lo público porque es de todos. La educación, la sanidad, el sistema de pensiones que hoy permite que mis padres sean felices porque tienen tiempo libre para vivir.

El ser humano busca impregnar su vida de narrativa. Otorgarle un sentido que en el capitalismo se expresa en forma de progreso ilimitado. Para ser un adulto funcional se asume socialmente que es preferible ascender en lugar de avanzar, porque el ascenso siempre es vertical pero el avance es horizontal y tiene múltiples direcciones. El avance es más difícil de narrar. No produce tan buenas historias ni suele tener un protagonista individual, al contrario: se avanza en colectivo, en asociación, tejiendo complicidades. Y pocas cosas encienden más que el placer compartido. «Aquello que hacemos por placer es más benéfico que lo que hacemos por obligación, pues, al igual que la piedad, resulta dos veces bendito», decía Robert Louis Stevenson en *Apología de los ociosos.*[27] «Un beso puede hacer felices a dos, pero una broma a veinte. Donde quiera que se encuentre un sacrificio, o el favor se conceda con dolor, la gente generosa lo recibe con confusión. Ningún deber se valora menos entre nosotros que el deber de ser felices».

Ahora creo que para avanzar hacia un buen vivir hay que impugnar el relato. Emancipémonos del esfuerzo y el sufrimiento porque no sabemos si conducen a algo, pero sí lo cansados que estamos y los analgésicos y ansiolíticos que nos quedan en el blíster. El apego al sentido no puede ser mayor que el apego a los demás. Probemos a invocar el pronombre peligroso: nosotros. Disfrutemos de él siempre que tengamos oportunidad.

Sumémonos a un colectivo, acudamos a una asamblea, manifestémonos por las causas que consideremos justas. Y sobre todo: gocemos de nosotros. De lo que nos hace felices porque no lo vivimos solos, de lo que nos conjura con los demás porque es compartido. Montemos un club de lectura, vayamos al cine, quedemos a tomar algo. Vayámonos de fiesta, perreemos, que pocas cosas hay menos sometidas a la utilidad y al productivismo que el baile. Hagamos todo lo que nos hace amar la vida. Liberémonos del relato meritocrático. Tal vez así, emancipados de cualquier narrativa que implique conjugar el futuro en singular, nos demos cuenta de que somos lo único que tenemos.

Bibliografía

1. **Zafra**, Remedios (2017). *El entusiasmo. Precariedad y trabajo creativo en la era digital*. Barcelona: Anagrama.

2. **Sánchez**, Pedro [@sanchezcastejon] (24 de abril de 2024). Tweet en Twitter: https://x.com/sanchezcastejon/status/1783181535337734409

3. **Requena**, Ana (22 de enero de 2023). «Jacinda Ardern tiene razón». *elDiario.es*. [Consulta: 5 de septiembre de 2024]. Disponible en: https://www.eldiario.es/opinion/zona-critica/jacinda-ardern-razon_129_9882895.html

4. **Sandel**, Michael J. (2020) *La tiranía del mérito. ¿Qué ha sido del bien común?* Barcelona: Penguin Random House Grupo Editorial.

5. **Weber**, Max (2008). *La ética protestante y el espíritu del capitalismo*. Barcelona: Ediciones Península.

6. **OCU** (2022). «OCU denuncia que España se sitúa a la cabeza del consumo de benzodiacepinas». En ocu.org. [Consulta 12 de octubre de 2024]. Disponible en: https://www.ocu.org/organizacion/prensa/notas-de-prensa/2022/psicofarmacos130522

7. **VV. AA.** (2024). *Suburbia. La construcción del sueño americano* [Catálogo de Exposición]. Barcelona: Centro de Cultura Contemporánea de Barcelona (CCCB) y Subdirección de imagen

corporativa y promoción institucional de la Diputación de Barcelona.

8. **Cullen**, Jim (2003). *The American Dream. A Short Story of an Idea That Shaped the Nation*. Nueva York: Oxford University Press.

9. **Garcés**, Marina (2023). *El tiempo de la promesa*. Barcelona: Anagrama.

10. **Sánchez-Pagés**, Santiago (2019). *Capital y trabajo: 50 películas esenciales sobre (la) economía*. Barcelona: Editorial UOC.

11. **Marçal**, Katrine (2016). *¿Quién le hacía la cena a Adam Smith? Una historia de las mujeres y la economía*. Barcelona: Debate.

12. **Vallín**, Pedro (2019). *¡Me cago en Godard! Por qué deberías adorar el cine americano (y desconfiar del cine de autor) si eres culto y progre.* Barcelona: Arpa editorial.

13. **Kimmel**, Michael (2019). *Hombres (blancos) cabreados. La masculinidad al final de una era*. València: Barlin Libros.

14. **Miró**, Francesc (2020). «Hombres blancos cabreados, un movimiento que suma adeptos a la velocidad de la ultraderecha». *elDiario.es.* [Consulta 8 de noviembre de 2024]. Disponible en: https://www.eldiario.es/cultura/libros/hombre-privilegios-explica-masculinidad-ultraderecha_128_1081175.html

15. **De La Cruz Tapiador**, Alejandro (2019). *El mito del self-made man en la cultura estadounidense.* [Tesis de Doctorado en Estudios Literarios por la Universidad Complutense de Madrid]. Repositorio Institucional – Docta Complutense. https://docta.ucm.es/rest/api/core/bitstreams/3174ae18-a5b5-4dce-b943-5259f61561b0/content

16. **Sennett**, Richard (2000). *La corrosión del carácter. Las consecuencias personales del trabajo en el nuevo capitalismo.* Barcelona: Anagrama.

17. **Cavafis**, Constantinos Petros (2016). *Poemas*. Barcelona: Penguin Random House.

18. **Costa**, Jordi (2014). «Baquetas ensangrentadas». *El País.* [Consulta 13 de noviembre de 2024]. Disponible en: https://elpais.com/cultura/2015/01/15/actualidad/1421356105_957399.html

19. **Espluga**, Eudald (2021). *No seas tú mismo. Apuntes sobre una generación fatigada*. Barcelona: Paidós.

20. **Soria Espín**, Javier (2022). «Movilidad intergeneracional y meritocracia en España». *PAPELES de relaciones ecosociales y cambio global,* 159 (3), 73-86.

21. **Sacristán**, Vera (2023). *Notas de acceso a la universidad: ¿son equitativas? Análisis de las diferencias entre las notas de bachillerato y las de la selectividad y sus efectos sobre la equidad en el acceso a la universidad.* Observatorio del Sistema Universitario, https://www.observatoriuniversitari.org/es/files/2023/06/Informe-bachillerato-PAU.pdf

22. **Sánchez**, Juanlu (Anfitrión). (2021-presente). «Un tema Al día: Su título, gracias. España se llena de universidades privadas». [Podcast]. Spotify. https://open.spotify.com/episode/2942ZOwgKoPGVYS1EAo20F

23. **Silió**, Elisa (texto), **Catalán**, Nacho (gráficos) (2024). «La ola imparable de la universidad privada arrolla a la pública». *El País.* [Consulta 9 de noviembre de 2024]. Disponible en: https://elpais.com/educacion/2024-10-27/la-ola-imparable-de-la-universidad-privada-arrolla-a-la-publica.html

24. **Carmona**, Marta. **Padilla**, Javier (2018). «Usted lo que necesita no es un psicólogo sino un sindicato». *El Salto.* [Consulta 27 de noviembre de 2024]. Disponible en: https://www.elsaltodiario.com/salud-mental/usted-no-necesita-psicologo-sino-sindicato

25. **Carmona**, Marta; **Padilla**, Javier (2022) *Malestamos. Cuando estar mal es un problema colectivo*. Madrid: Capitán Swing.

26. **Ordine**, Nuccio (2013). *La utilidad de lo inútil. Manifiesto*. Barcelona: Acantilado.

27. **VV. AA.** (2023). *Textos contra el trabajo Vol. 1*. Madrid: Corazones Blindados.

Agradecimientos

A Mónica, por ser la primera lectora, con el ojo de una Tabitha King capaz de espolear virtudes y pulir disparates. A Dani, por su amistad, que forma parte esencial del espíritu de este libro. A Alberto y Jose por todas las charlas, comentarios de ánimo y afecto. A Malaquita, por morder los libros que tenía que leerme, y posarse sobre el teclado cuando tenía que descansar. A todos los compañeros y compañeras del periodismo cultural, un gremio a veces ingrato pero lleno de gente maravillosa, inteligente y apasionada. Sin la confianza y el cariño que Alberto Sendra —aunque se haga apellidar «Haller»— siempre mostró tanto por mí como por esta idea que le propuse almorzando, este libro no existiría. Por muchos almuerzos así. Gracias también a Lucía por hacer más grande y mejor Barlin Libros y todo su pensamiento al margen. Y gracias a mis padres y a mi hermana por recordarme siempre que somos lo único que tenemos.

Colección Paisaje *mini*

Otros títulos publicados

1. *El arte de leer las calles*, de Fiona Songel.

2. *El arte de contar la naturaleza*, de Luci Romero.

3. *El arte de encender las palabras*, de Berta García Faet.

4. *El arte de inventar la realidad*, de Áurea Ortiz Villeta.

5. *El arte de invocar la memoria*, de Esther L. Barceló.

6. *El arte de educar a estúpidos*, de Alberto T. Blandina.

7. *El arte de la conversación literaria,* de Raquel F. Cobo.

8. *El arte de fabricar sueños,* de Francesc Miró.

Desde Barlin Libros agradecemos tu interés
en *El arte de fabricar sueños.*
Para enterarte de todas nuestras
novedades y publicaciones,
no dudes en visitarnos en:

www.barlinlibros.org

Y seguirnos en:

@barlinlibros

Asimismo, te invitamos a trasladarnos
cualquier consulta, duda, comentario
o sugerencia a través de nuestro e-mail:

editorial@barlinlibros.org

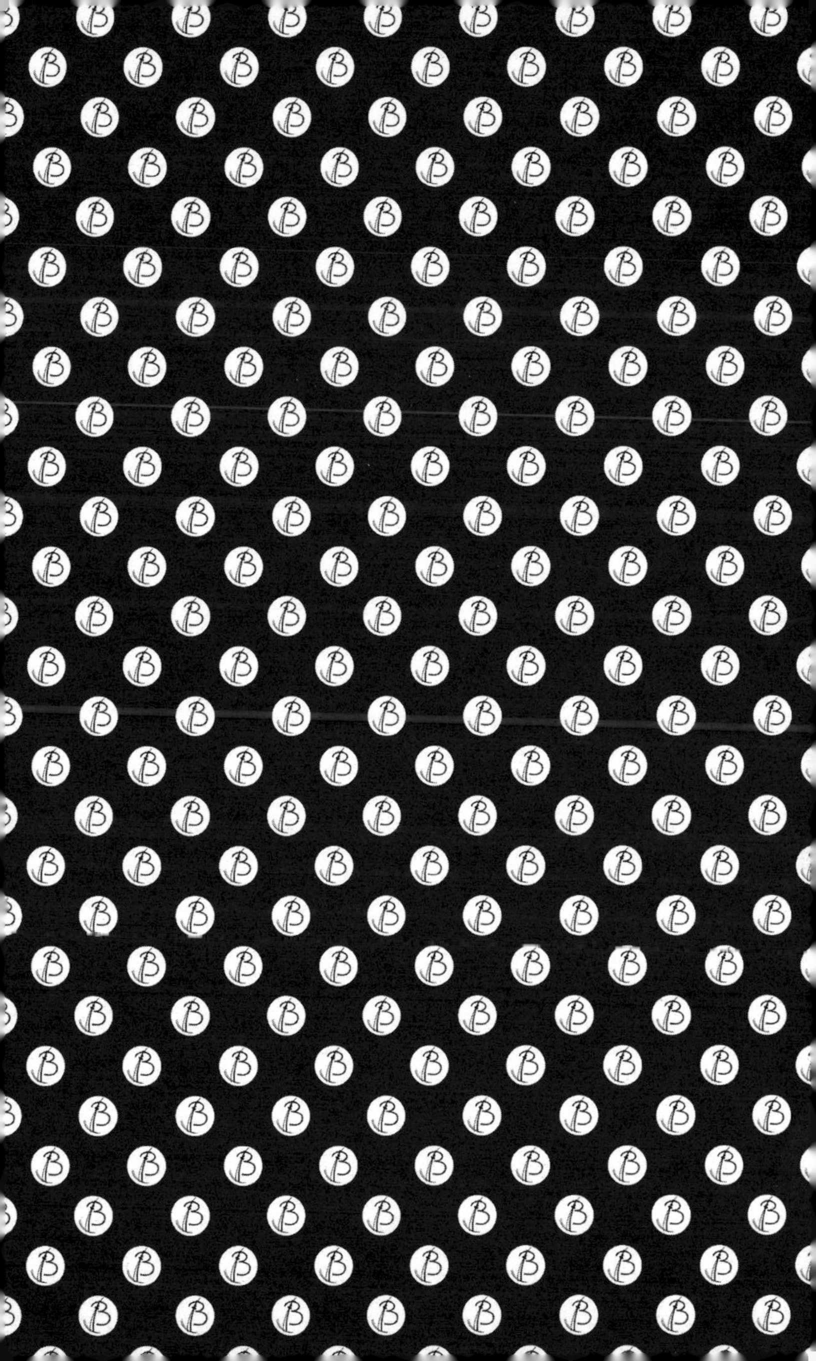

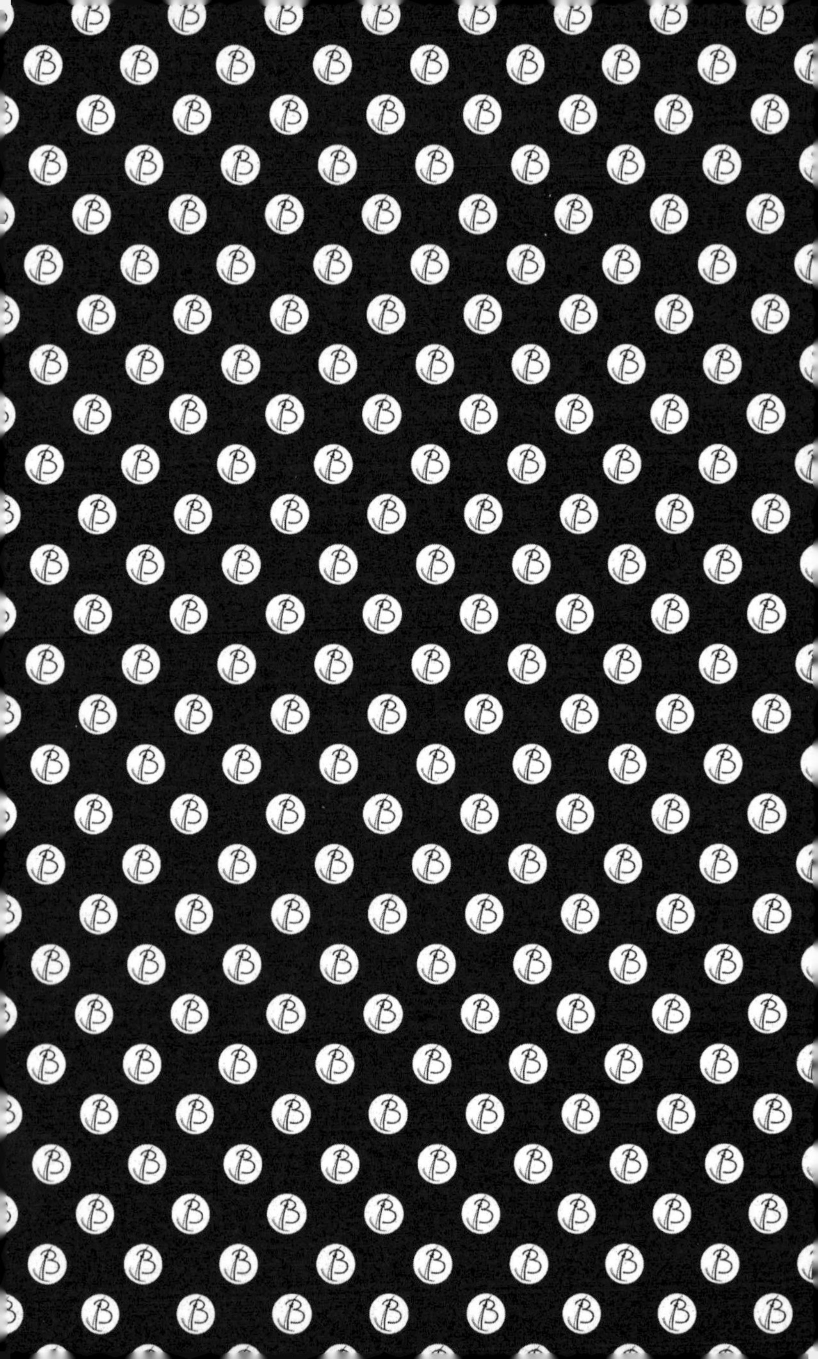

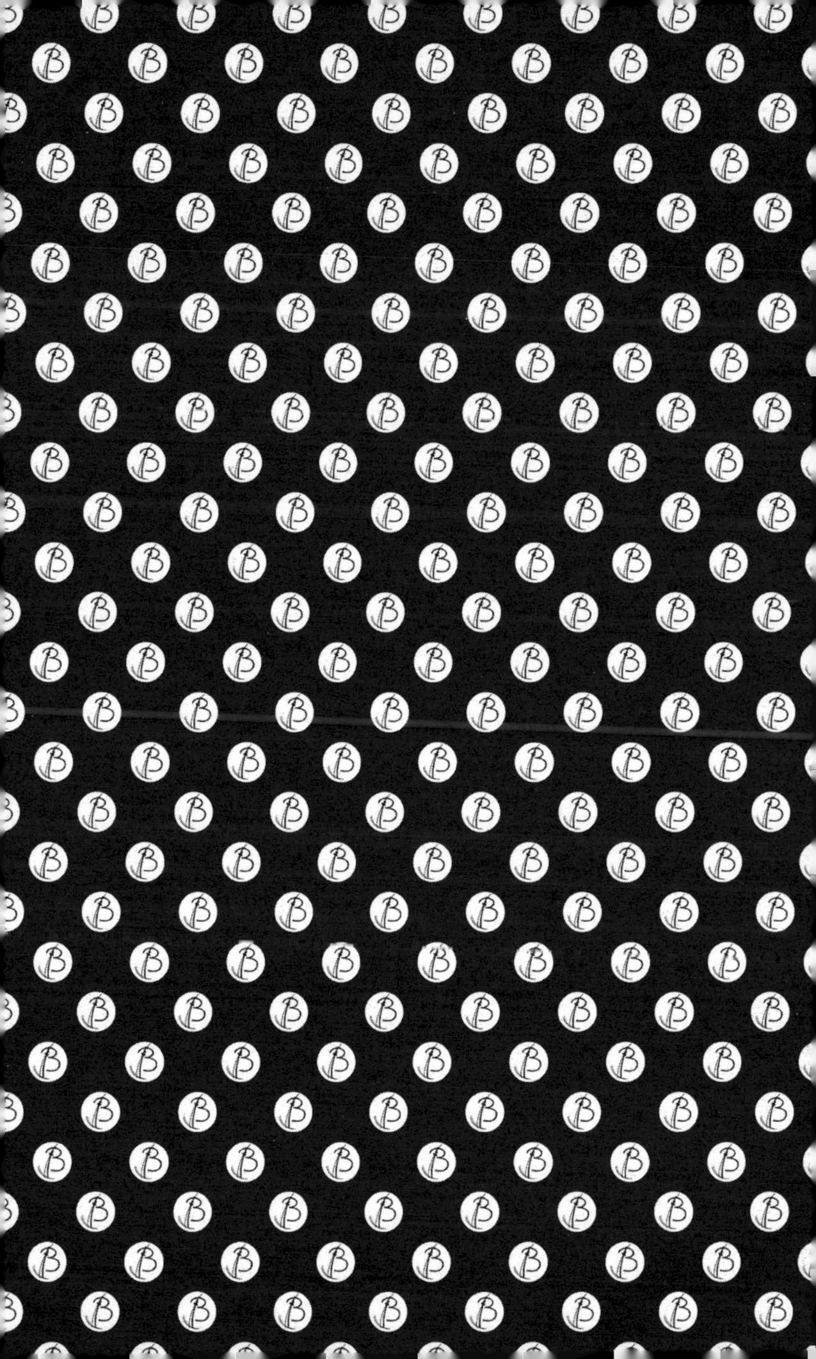

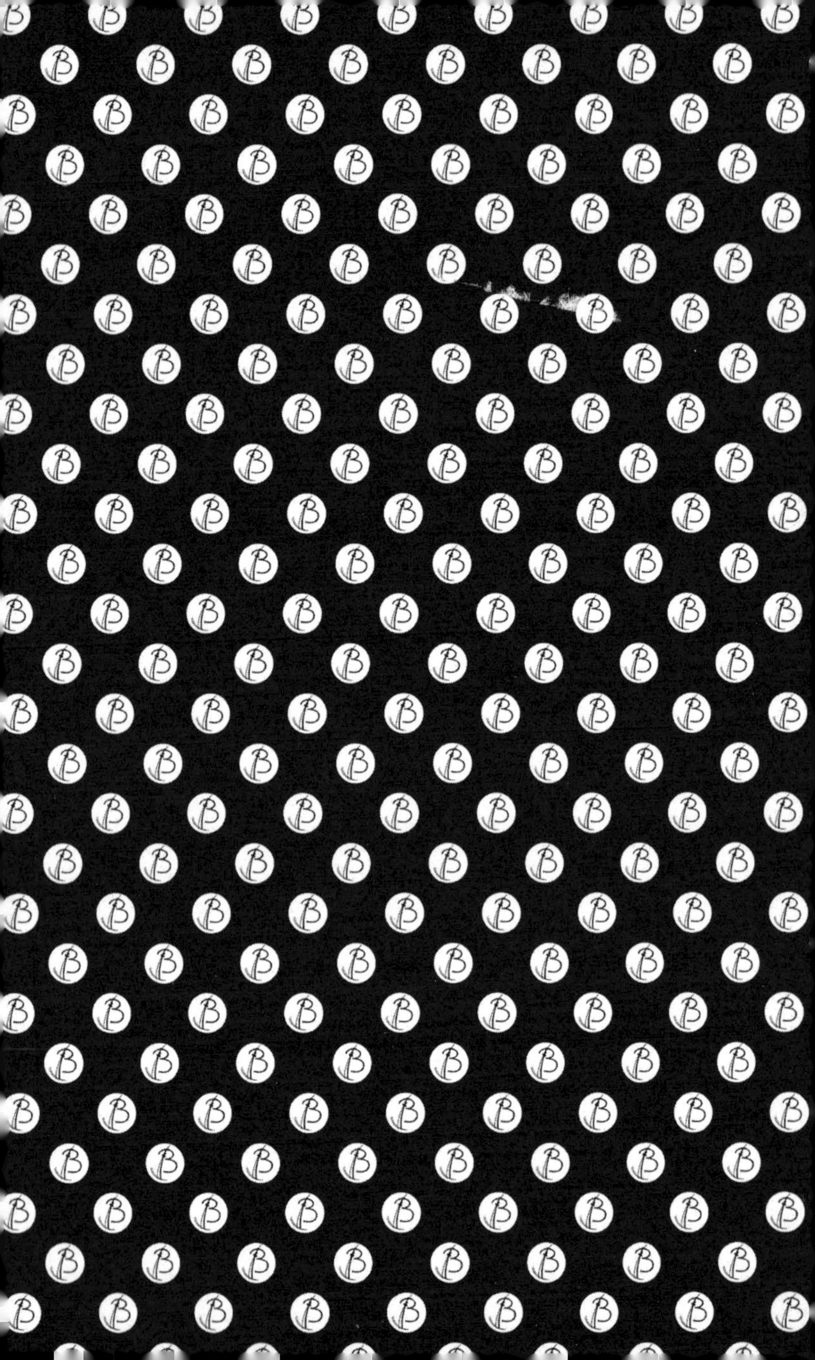